地域経営のための
新しい流通・マーケティング

MARKETING AND DISTRIBUTION SCIENCES

岡田一範・井上和久［編著］

千倉書房

序　章

変化する社会、流通、マーケティング

岡田　一範

1. 変化する社会

　私たちの現代の生活を 10 年前、20 年前と比べてみよう。今のようなインターネットショッピングが身近だっただろうか。ファッションの流行はどうだっただろうか。20 年前では「IT」という用語だったが、近年では「ICT」と表される機会が増えていないだろうか。また、急成長した企業もあるのではないだろうか。一方、20 年前に存在していた企業、店舗が、現代では存在していないところもあるのではないだろうか。皆さんが子どもの頃に通っていたお店は今でも残っているだろうか。

　このように社会は刻一刻と変化しているのである。日本経済新聞社が実施した 2019 年の世界市場における「主要商品・サービスシェア調査」において 74 品目中 8 品目で首位が交代し、このうち IT 関連の 2 品目でトップに浮上したのはいずれも中国企業であり、その逆転を許したのが日本企業である。現在でも日本企業が世界シェアでトップに立っているのは、スマートフォンの搭載カメラに欠かせない CMOS センサーであり、液晶や有機 EL パネルの基幹部分である偏光板なども、今後も成長が期待できる分野もある。一方で、デジタルカメラ、マイクロコンピュータ、レーザープリンター等の市場規模が縮小している品目で、日本企業が上位を占めるケースが目立っている。

　グローバルな視点で捉えたとしても社会の変化、日本が置かれている状況が

変化していることが分かるだろう。加えて日本では少子化の流れが止まること
を知らず、その波は年々大きくなり、また都市部の一極集中に表されるように、
歪な人口構成をもたらしている。この不安定な社会状況の中だからこそ、地域
の社会経済の主体が相互に協力し、地域を持続的に発展させることが求められ
るようになるのである。

　根本的な問題に立ち返ると企業だけでなく、組織にとって最も大切なことは
何なのであろうか。経営学者のバーナードは、著書『経営者の役割』において
組織に最も重要なことは存続することだ、と述べている。組織は存続すること
が前提で成り立っており、変化に対応していくことが必要なのである。

　ブラザー工業株式会社と聞いて、ある年代はミシンと答えるであろうし、別
の年代はプリンタや複合機と答えるであろう。ミシン製造業として成長してき
た同社も、家庭用ミシンの需要が衰退するにつれプリンタや複合機の製造を始
め、今はそれらが主力製品となっている。このように事業として取り扱う製品
やサービスが変わろうとも、存続していくことが重要である。この変化に対応
した組織だけが生き残れる考え方は、自然科学者チャールズ・ダーウィンの名
言「唯一生き残ることができるのは、変化できる者である」という「進化論」
に基づき、「環境適応理論」として理解されている。

2. 生産者の変化

　生産者は、社会からの要請がある商品、要請を受けそうな商品を企画・開発
し市場に送り出してきた。従って、私たちの日常生活で消費されている商品は、
現代の生活にマッチしているからこそ存在しているのである。それらの商品は、
その時代に必要とされてきたから市場に送り出され、消費されてきたのだが、
いつの間にか生産中止となり市場から消えていった商品も大多数ある。むしろ
数十年にわたり市場に残っている定番商品の方が稀である。ただ、一つの商品
が市場から撤退しても多くの人々はそのことを気にすることは少ない。それは
人々や社会がその商品の必要性を感じなくなるからであろう。

　ここ数十年の通信手段の変化を概観してみよう。1990年代には家庭用電話
で連絡を取り合っていたものが、ポケットベルが誕生したことで、ポケットベ

ルが日常生活における連絡手段の一つとなった。しかし、1990 年代半ばから後半にかけて携帯電話が一般社会に普及し、高校生や大学生も携帯電話を持つようになった。2010 年以降では、携帯電話からインターネット通信やアプリ機能を強化したスマートフォンの普及により、現代における個人での連絡手段はスマートフォンが一般的となった。このように、代替商品が市場に導入されることにより、それまで使用されていた商品の必要性がなくなっていくのである。この通信手段の変化は、比較的短期間に起きたが、長期間にわたって変化する商品群も存在している。

　こうした人々のニーズの変化、社会の変化に対応して、生産者は市場で求められる商品を送り続けなければならないのである。それに加えて生産者がそれまでなかった商品を市場に導入することで、新たな生活スタイルを創造することもある。先ほどブラザー工業の事例をあげたが、生産者は存続するために、自社の生産物を柔軟に変更することも必要なのである。特に現代のようにニーズが読み難く潜在化したニーズを掘り起こすのは簡単ではないが、それができた企業が存続し、繁栄することができるのである。

3.　商業者の変化

　商品は生産者が拠点となり、最終消費者を終着点として流れる。生産者から消費者の手に商品が渡るためには、必ず流通機能が必要になる。離れている生産と消費が円滑につながり、商品の社会的移転が行われるためには、流通の働きが求められるのである。この流通を生業としているのが、卸売業・小売業の商業者である。流通機能そのものは普遍的であるが、商業者の活動そのものは変化してきている。

　小売業は、最終消費者に商品を販売する活動を行っている。そのために、小売業は消費者行動に強く規定され、空間的範囲が狭い領域に制限されている。従って規模の大小問わず小売業は地域に密着した産業であり、立地産業と言われている。特に企業規模が大きくなればなるほど、雇用の創出、地域文化継承の場、地域コミュニティ創出の場等、地域に与える影響は大きい。このように正の影響もあるが、大規模小売業の進出により地域の個人商店が衰退するとい

う負の影響もある。いずれにせよ小売業が地域に密着した産業であることに違いはない。

　近年の情報技術や物流技術の発展、小売業そのものの企業規模の発展も相まって、生産・流通・消費の各部門は大きく変化している。大規模小売業は、従来からNB商品（ナショナルブランド：製造メーカーによるブランド）を取り揃えてきたが、近年ではPB商品（プライベートブランド：小売業者などの開発ブランド）の開発に尽力し、一部では品質面においてNB商品と遜色ないPB商品も市場に送り出されている。つまり、商業者による生産部門への進出が見受けられ、それが小売業の品揃え構成を変化させ、消費者の生活においても選択肢が増しているのである。加えて、小売業の構造にも変化があり、日本の小売業は伝統的に小規模多数と言われてきたように、個人商店が大多数を占めていたが、近年、大規模小売業が店舗数、売上高を高め、市場構造の高いシェアを誇るようになっているのである。

4. 消費者の変化

　消費者の行動変化も考えてみたい。生産量＜消費量の生産過少の時代の場合、ヒトの欲求は「他人と異なる商品が欲しい」のではなく、「商品が欲しい」となり、消費できる・手に入る商品を購入する。つまり商品を保有することで自らの欲求を満たしているのである。ただ、生産量＝消費量や生産量＞消費量のように、生産消費均衡や生産過剰の時代となるとヒトの欲求も変化し、「他人と異なる商品が欲しい」となる。日本においては第二次世界大戦以降、この傾向がマクロ的には続いている。

　現代の日本を含めた先進国では、生産者の技術革新の賜により、大量生産された商品が低価格で大量流通される「大量消費社会」が実現されている。これは過去にあった総中流意識を生み出すような、平等主義的所得構造の結果なのかもしれない。ただ、大量消費社会の中で見受けられる低価格のコモディティ化した商品が、低品質かというとそうではない。かつては「安かろう、悪かろう」と揶揄されたように、低価格＝低品質という認識が強かったが、現代の低価格商品が低品質商品かと言われれば、そうではない。ダウンジャケットを例

にあげてみよう。量販店では1万円前後で売られているダウンジャケットもあれば、百貨店や専門店では10万円もするダウンジャケットが売られている場合もある。これらのダウンジャケットの品質を比較して、10万円のダウンジャケットが1万円のダウンジャケットの10倍温かいわけではない。しかし、デザイン、ブランド等を考慮して高価格なダウンジャケットを購入する消費者も多い。

　低価格商品の質が向上したことで、人々の購買行動に大きな変化をもたらしているのである。つまり、自らがこだわりを持つ商品群に対しての支出を厭わなくなるが、こだわりのない商品群に対しての支出は節約するようになり、「消費の二極化」という行動に表れるのである。これは消費者の消費対象の変化を示している。

5.　地域経営の実現に向けて

　ここまで生産者、商業者、消費者の変化を見てきたが、消費者行動の変化が企業活動に変化をもたらすこともあれば、企業活動の変化が消費者行動に変化をもたらすこともある。では、これからの時代、地域経営とはどのような方向へ向かっていけば良いのであろうか。まず、地域に携わる組織やヒトを考えてみよう。地域には、市民、企業、大学、NPO/NGO、行政といった多様な主体が存在し、彼らが連携しながら相互関係が織り成されている。それぞれの主体にはそれぞれの目的があり、それらが相互に調整され地域の資源が活用され、持続的な発展に向けて活動が進められている。地域を持続的に発展させるための取り組みは、何十年も前から問題視され、国、地方自治体、事業者などの多くの主体が取り組んできた。そのような事案であるにもかかわらず、未だ解決策は見出されていないのである。

　一つ言えることは、疲弊した地域を活性化させなければならないということは、多くの自治体が抱えている共通の課題であるということであり、それに対してさまざまな取り組みが成されているということである。しかしながら、疲弊した地域経済をいかに活性化させるかについては、画一的な施策は見つけられないと言ってよい。なぜなら、いかなる手法が当該地域に適しているのか、

活性化を担う主体はどこなのか、運営形態はいかにするのかなど、各地域それぞれにそれぞれの事情や課題があるからである。

　愛知県豊田市では、豊田市まちづくり基本条例が制定され、安心して豊かに暮らせる自立した地域社会の実現に向けて、共働きの効果を最大限に発揮するための考えに基づき、地域の多様な主体（地域で活動する市民、NPO/NGO、大学、企業など）および市役所（行政）が連携しながら、地域の資源を最大限効果的に活用し、地域の持続的な発展に向けて活動するという地域経営システム[1]を掲げている。しかしながら、地域が抱える課題の一つが人財ならびに財源不足である。総務省に設けられた自治体戦略 2040 構想研究会[2]は、人口減少と高齢化によって、公共私それぞれの機能が急激に低下していることに対するため、各主体間の相互協力関係の不回避とさまざまな視点からの提案をしている。これまでは行政はサービスの提供者であったが、地域経営を念頭に置いた場合は、各主体と相互に連携し、価値を共創するプラットフォーマーの働きが求められるのである。価値を共創するためには Vargo and Lusch（2004）が提唱したサービス・ドミナント・ロジック（SDL：Service Dominant Logic）を応用することが糸口となるであろう。

　このように、これからの地域経営を実現していくためにも流通、マーケティングの理論や、考え方は、応えを導くための気づきやヒントが存在しているのである。今後の地域経営のために何が必要なのか、そのためにどのような知識、理論を身に付けておかなければならないのか、本書全体を通して流通、マーケティング、地域経営の観点から考えていきたい。

(1)　豊田市ホームページ
　　（https://www.city.toyota.aichi.jp）最終閲覧日 2022 年 3 月 9 日。
(2)　総務省ホームページ
　　（https://www.soumu.go.jp/main_sosiki/kenkyu/jichitai2040/）最終閲覧日 2022 年 3 月 9 日。

【参考文献】

Vargo, S. L. and R. F. Lusch（2004）'Evolving to a New Dominant Logic for Marketing,' *Journal of Marketing*, Vol. 68, No. 1, pp. 1-17.

地域経営のための
新しい流通・マーケティング
目次

目　次

第1部
理 論 編

第1章
流通の発生と流通論の誕生

岡田　一範

1. 流通とは何か

「流通」ということばを聞いて、どんなことをイメージするだろうか。「流れる」「通う」という二つの用語からもイメージできるかもしれないが、流通論や商業学で「流通」という場合は商品流通のことを指す。経済活動としての「流通」とは、さまざまな経済主体の間で行われる取引の結果として貨幣や商品の移動を指す。商品流通には取引を伴うが、取引をする当事者は何らかの意図を持って行っているわけなので、商品流通はさまざまな主体の経済活動の結果として現れるのである。流通とは、社会全体における商品の流れを意味しており、人間が生活する上で流通と関わることなく、生活をすることは不可能である。

日常生活を思い浮かべてみよう。私たちは日々、多種多様なモノ（財）を使用して生活している。朝起きて歯を磨く場合に歯ブラシを使い、着替える場合に服を着て、夜寝る前に本を読む、他にもさまざまな行動を行うと同時に、財を消費している。1日で使用する財の中で、自らの手で生産したものはほとんどないだろう。では、これらの財の生産者は、なぜその財を生産しているのだろうか。自己所有が目的で生産し、その余剰生産物を販売しているわけではなく、当初から第三者への販売目的で財を生産し、その対価として貨幣を受け取っているのである。この販売を前提として生産される財を「商品」と呼ぶ。

つまり、私たちは他の誰かが生産した商品を消費することで生活を成り立た

せており、ここに商品流通が深く関わっている。生産者と消費者が異なる分業社会では、生産者と消費者の間にさまざまな乖離・隔たりがあり、この懸隔を埋める活動が流通である。

> 人的懸隔…生産者と消費者が異なることで生じる懸隔
> 場所的懸隔…生産される場所と消費される場所が異なることで生じる懸隔
> 時間的懸隔…生産される時間と消費される時間が異なることで生じる懸隔
> 量的懸隔…生産される単位および数量と消費される単位および数量が異なることによって生じる懸隔

　懸隔は大きく上記の四つにまとめられ、この懸隔を埋めるために商品流通に関わる生産者や流通業者、消費者はさまざまな活動を行っている。私たちは欲しい商品の多くを購入することで手に入れているが、そこには人的懸隔が発生している。誰かが作った商品と貨幣を交換することで、所有権の移転が発生し、貨幣の支払者は商品の所有者となる。従って人的懸隔は売買することで埋められることになる。

　私たちが使う商品は、生産される場所、消費される場所、時期は異なっている。例えば、お米は田んぼで作られ、秋に1年分の消費量が収穫されるが、家庭で1年中食べることができる。ここにも懸隔が発生しており、生産される場所と消費される場所が異なることを場所的懸隔と言い、時間が異なることを時間的懸隔と言う。場所的懸隔は、実際に商品を運ぶ「物流」で埋めることができる。

　また、生産された商品が即時に家庭に届く必要はなく、欲しい商品が欲しい時に届くことが重要である。この時間的懸隔を埋めるために商業者や倉庫業者は、「保管」という役割を果たすのである。商品が保管され価値が保たれていることで、時間的懸隔が埋められるのである。加えて、生産される量と家庭での消費量とは異なっている。この必要量の異なりを量的懸隔と言う。生産者から消費者に至るまでに介在する卸売業・小売業の商業者により、それぞれが必要とする消費単位へと分けられていくのである。つまり量的懸隔を埋めるのは、商業者という流通機構が必要になるということである。このように流通という

仕組みが適切に作用していることでさまざまな懸隔が埋められているのである。本章では流通という現象の発生、それを研究する流通論の誕生について見ていくことにする。

2.　流通の誕生と成立条件

(1)　「流通」「商人」「市」の誕生

　流通の誕生を明確に何年と規定することはできない。また、何を持って流通が誕生したのか、つまり誕生起源も論者によって異なる。しかし、古代から流通が存在していることに関しての共通認識はされている。流通行為は自立した経済主体相互間の財貨の交換行為であることから、流通と分業には深い関わりがある。一方、自給自足とは、自らの需要を自らの生産でもって満たす方法であるので、財貨の交換行為は成立しない。自給自足において流通は発生しないことから考えるのなら、流通は自給自足が崩れ分業が現れるところから始まると言える。

　最も初期の社会経済状態の原始時代には流通は存在していなかった。後期旧石器時代に当たる時代は、自然に存在する植物を採取したり、動物を狩猟したり、魚を釣ったりと、衣食住などのすべては自らの努力で手に入れる以外の方法はなかったのである。加えてその頃の生活単位は、家族あるいは同じ血族間の集団生活であり、自らの生存を保つことが重要な関心事であった。すなわち、この生産＝消費の段階においては、自給自足の生活をしていたことになる。そのうち、家族からその発展形態としての種族・部族などの集団が発生するようになり、互いに独立して併存するようになるが、それでもまだこれら集団の内部において私的所有は認められず、自然に働きかける採取・狩猟などのいわゆる生産は、集団のために行われ、収穫物は共有原則であり、交換は偶然的なものを除けばほとんど行われていなかったと言ってよい。こうした原始社会においては、生産物・収穫物の分配は"長"の命令によって行われ種族全体の生活の維持に充てられていた。

　そのうち、定住生活を営むようになり農耕や牧畜をするにおいて、道具を開

発するようになった。しかし、道具が開発されたとは言え、生産性は低く、生活に必要なものを自らの努力で手に入れる自給自足の状態からは脱してはいない。その後、生産用具、生産方法が改良されたことで余剰生産物が発生するようになる。この余剰生産物を交換する物々交換が行われるようになり、自分ではない誰かが作ったものを消費するようになる。この時点で初めて生産と消費が分離したことになり、この分離した生産と消費を結びつける流通機能が発生する。しかし、まだまだ交換も偶然的に行われるだけであり、規則的な交換が行われるのは、集団間の社会的分業がある程度発達した紀元前3〜2世紀の弥生時代である。この時代に導入された稲作や手工業品の生産により、古代の人々の生活は「狩猟・採取の時代」から「生産・消費の時代」へと転化した（野口, 2019）。その後、農耕が発生し、それを専門に行う者と生産量を増大させるための生産諸用具を専門に生産する者などが現れるようになり、集団内での分業が見られるようになったのである。こうして労働が専門化され、生産用具の改良が促されるようになると、ただ生産量が増大するだけでなく、余剰生産物も確率的にも数的にも増大するようになる。余剰生産物の生産が増大すると物々交換が恒常的になり、藤原京時代には一定の場所で物々交換が規則的に行われるようになったことで「市」が始まり、商人が誕生してくるのである。

　藤原京時代（694〜710年）に始まった官市[1]である東西市は、平安京時代（794〜1185年）になると東市に51、西市に33の「肆」[2]が立ち、繊維、米、塩等、多様な商品が販売されていた。山中（2005）は、繊維の販売方法に着目し「繊維街」という形で集積が作られていたと推測している。現在でも東京にある「日暮里繊維街」や名古屋の「長者町繊維街」の原型を成すものがこの時代から存在しており、独立した商人たちが一つの場所に集まり、場所を借りて商品を販売するこの形態は、現代でいうショッピングモールのテナントの原型を成すものと言える。

(2)　交換の促進と貨幣および商品の誕生

　余剰生産物が物々交換という形で行われるようなったとは言え、物々交換が成立するためには三つの条件が必要になる。一つ目の条件は「欲望の両面一致」である。物々交換をするための余剰生産物を交換する両者が欲しいと思わなけ

れば交換は一致しないということである。二つ目の条件は「交換比率の一致」である。仮に余剰生産物を交換する両者の欲望が一致したとしても、それらを交換するための比率が一致しなければ交換は成立しないということである。三つ目の条件は「交換数量の一致」である。仮に欲望も交換比率も一致したとしても両者の必要とする数量も一致しなければ交換は成立しないということである。このように物々交換が成立するための三つの条件が揃うことは稀なことである。

　このような不便を除くために、誰に対しても交換物資となり得る、あるいは通用するもの（例えば、貝や石、毛皮など）を用いてそれらを媒介にして交換を行うようになった。これが貨幣の始まりであって"物品貨幣"と言われるものである。重要なのは貨幣として扱われるためには移動する範囲のヒトに一定の価値尺度を持たなければならない。誰にとっても平等な等価交換物でなければならないということである。それに加えて貨幣が時間の経過に耐えられる等価交換物でなければならないということから、保存や運搬に便利な金、銀、銅、鉄などの金属が貨幣として用いられるようになった。このような金属が貨幣に適していたのは、供給および価値が安定していることと、さまざまな力や自然の変化に耐えられるからである。また金属貨幣の中で鋳造技術が未発達な時代に金や銀の純度を確認して重量を量り、それを貨幣として流通させていたのが秤量貨幣である。その後、鋳造技術の発達により金貨、銀貨などが誕生することになる。

　日本における最初の鋳造貨幣は708（和銅元）年に作られた"和同開珎"だとされている[3]。こうして、貨幣の利用とともに人々は自分の生産物をまず貨幣と交換し、その貨幣と自分の欲しいものを交換して手に入れるようになり、交換は売買の形をとるようになった。その結果、物資の交換が円滑に行われるようになっただけでなく、交換（売買）の範囲も次第に拡大していった。貨幣には決済手段の機能以外に、生産物の価値を客観的に測定する計算単位や価値尺度、価値や富を貯蔵する機能を持っている。

　貨幣の発達は生産の目的も変化させた。それまではあくまで自らの生活を維持するために財を生産・消費し、その中の余剰生産物を交換していた。しかし、貨幣が発達したことで生産の目的が自己消費ではなく、貨幣を得ることに変化

した。他人が使用するための財、つまり商品を生産するようになり、貨幣を得るための生産となった。余剰生産物の生産ではなく、当初から第三者への売買目的での商品を生産することになった。

　商品は買い手にとっては自らの欲望を充足できる有償のものであり、売り手にとっては他人に販売して収益を得ることを目的として生産される財である。商品はある特定の用途に有益でなければならないにもかかわらず、できる限り広く、どのような生産物とも交換可能でなければならない矛盾した性格を有している。この矛盾した性格は交換を困難なものとする。商品は交換を前提に作られる生産物であるのに対し、その生産物を欲しがる相手が存在しなければ交換は成立しない。また生産物に対して交換相手が常にどこかに存在しているという保証はどこにもない。この交換の困難性を解消するために貨幣が存在するのである。商品交換は貨幣を媒介とする交換であることから、常に他の商品との交換が前提となり、貨幣と商品の交換の連続性で成り立っている。商品が貨幣に転化し、その貨幣が他の商品に転化する系列が「商品流通」となる（荒川，1974）。

　このように交換や貨幣の発達と並行して分業も次第に発達し、物資の交換が規則的に行われるようになると、人々はそれぞれの自然的、地理的環境や自らの能力に適した物資を専門に生産するようになる。これが生産者の分業であって、農作物を専門に生産する者や、道具その他の手工業品を専門に生産する者との間に分業が行われるようになる。それとともに生産者から物資を買い入れ、それを必要とする者に販売することを生業とする"商人"が現れ、分業と交換は次第に発達していった。

　こうして、日本では13世紀頃になると分業はより発達し、物資の流通ルートが開かれるとともに商品流通は一段の広がりを見せるようになり、これらの中から間丸や座と呼ばれる商業の専業者が各地に発達することになる[4]。

　このうち間丸は、全国の荘園から領主の住む中央都市への年貢物を輸送する業者として現れ、後には全国の主な交通の要所に居住し、物資の保管や販売も兼ねるようになる。また市は中央の都市だけでなく地方の主要な地にも盛んに開設されるようになり、三斎市（月3回の市）や六斎市（月6回の市）、四のつく日の四日市や八のつく日の八日市などの定期市が普及していった[5]。それら

地域には常設の店舗が出現したこともあり、次第に町場が形成されていくようになるのである。

(3) 江戸時代の流通

　江戸時代になると、商品生産は飛躍的に伸び、貨幣の使用は一般化してくる。また商品流通の範囲は全国的規模にまで拡大するようになる。この時代には大名や武士を中心として、商人や職人が住む城下町が全国に作られた。これらの中でも最大の消費者である大名や武士層は、生活必需品を貨幣で購入する必要があったので、いわゆる給料として与えられる米や特産品を貨幣に交換する必要があった。そのため、米商人や蔵元[6]、両替商などの商人がこれらを担当するようになった。

　特に、全国の物資の多くは各地より大阪に一度集められ、そこから一大消費地である江戸に送り出されるようになったので、それらに関係する多数の専門業者が生じ、複雑な流通機構が作り出されることとなった。例えば、生産物は生産者から仲買人によって集荷され、問屋に販売され、問屋から各消費地の仲買人を通して小売人の手を経て消費者に流通するというような経路ができあがった。問屋はこの流通機構の中心的存在となり、当初の保管や販売だけでなく次第に生産者に商品を作らせたり、直接買い付けたり、やがては生産者に資金を融通することによって彼らを支配する（いわゆる問屋制家内工業）ようになっていった。

(4) 明治時代以降の流通

　明治時代以降、近代的な生産や流通の仕組みができあがる。株式会社制度の確立や産業革命による機械性工業の急速な発達、問屋の支配から独立した生産者による大規模な生産体制の確立などによって、生産物の大部分はこれらの企業によって大量に生産されるようになった。こうして大規模な商品生産体制ができあがるとともに貨幣経済も大きく発達することとなり、各地に多くの卸売商、小売商が生まれるようになった。特に江戸時代からの伝統的な呉服商から転化した百貨店が登場するなど、近代的小売商業が生まれ始めたのである。

　第一次世界大戦を境に生産技術は飛躍的に進歩し、生産規模はますます増大

し、多種多様な商品が大量に生産されるようになった。それに伴って商業や工業の中心地としての大都市が生まれ、そこに多くの消費者が集まるようになっていった。こうした生産と消費の発展は、第二次世界大戦後、特にめざましく、百貨店だけでなくスーパーやチェーンストアなどの大規模小売業が現れ、大都市のみならず地方中小都市にまで進出するようになった。

　卸売部門においても財閥や関西五綿(7)を基礎に総合商社が、さらには各産業部門においても大規模な専門商社が現れることとなった。また、大規模生産者の中には商品販売ルートを確実に確保すべく自ら直接販売を行ったり販売会社を設立したりする。さらに独立の卸・小売商を自己の支配下に置く、いわゆる"流通系列化"とも呼ばれる独自の流通経路を作り上げていった。

　このように、経済生活の発達に伴い、流通や商業も大きな発展を遂げてきたのであり、今日では国民経済の中の重要な産業部門の一つとなっているのである。

3.　流通論の誕生

　ここまでまとめたように、流通という現象そのものは古くから存在していたが、「流通論」となると少し異なる部分がある。日本の大学（経営学部、商学部等）で流通論という科目が誕生したのは1960〜70年代頃である。マーケティング論や経営学が100年以上の歴史を持つ学問であることと比べると、流通論は比較的新しい分野の学問である。「流通」という現象の発生と「流通論」という学問の生成にはなぜ、これほどまでのタイムラグが生じているのだろうか。流通論が生成するまでは商品流通に関する研究は主として商業論の範疇に収まっていた。商業者は生産と消費の懸隔を埋めるために、生産者に代わって消費者に商品を販売する販売代理の役割と、消費者に代わり生産者の商品を買い集める購買代理の役割を果たしており、生産者でも消費者でもない第三者である商業者による商品流通を研究する学問として商業論が位置づけられていた。しかし、時代の流れの中で生産者や消費者が流通過程に介入してきたことで、商業論だけでは商品流通の全体を解明することが難しくなり、流通論が誕生したのである。このことについて詳しく見ていきたい。

(1)　メーカーの流通過程への介入

　流通論が誕生した経緯を生産者と流通の関わりから見ていくことにする。日本では第二次世界大戦後は国策の影響を受けて、生産者の大規模化が推進され、大量生産体制は整ったが、商業者に関しては一部の百貨店と大多数の中小小売業という状態で大量販売体制は整っていなかった。そこでメーカーは自ら販売会社を設立したり、消費者に直接販売を行ったりしたことに加えて、流通系列化と呼ばれる日本固有の流通チャネル戦略を取った。流通系列化とは、大手メーカーが価格安定の目的で自社商品の販売に協力する商業者を系列店として傘下に治め、自社商品の販売に協力させる小売店（卸売店）を抱え込む行為のことである。

　特に自動車、家電、化粧品においてこの傾向が強く、日本では1970年代頃に自動車、家電、化粧品の三つの産業で流通系列化という傾向が強く見られた（岡田，2019）。現在では家電量販店やドラッグストアの成長を受けて、家電と化粧品業界における流通系列化は衰退してはいるが、メーカーが流通過程に進出したことは紛れもない事実である。このメーカーの流通過程への進出によってメーカー側からの流通の側面を解明する必要が生じ、商業論の理論だけでは流通が解明できなくなった。これが流通論誕生の一つ目の契機となる。

(2)　消費者の流通過程への介入

　次は、消費者と流通の関わりを見てみることにする。消費者が商品を購入するということは、その行為そのものが流通と関わっていることを表している。しかし、消費者と流通の関わりはそれだけではない。歴史を振り返っていくと消費者が流通過程に進出していることが確認できる。消費者が流通過程に進出したことが、流通論が誕生した二つ目の契機となる。

　消費者による流通過程への進出は、生活協同組合もしくは消費生活協同組合によって始まった。生活協同組合もしくは消費生活協同組合とは、消費者が生活に必要な物資を安価に購入し消費生活の向上をはかるために、自ら所有し、自ら経営する小売組織体である（橋本，1971）。消費者は生協に出資（加入）することで、組合員となり生協で買い物をすることができるようになるのである。

生協は誰もが買い物をできるわけではなく出資をした消費者だけが買い物をできる、消費者の消費者による組合なのである。

　生活協同組合は株式会社とは異なる性格を有している。株式会社は株式による資本の結合が基礎になる性格を有しているが、協同組合は資本とは言えないような零細な出資で形成され、その事業の目的は単なる利潤追求ではなく、労働者や消費者の生活上や営業上の必要性を満たしていくことである。つまり生協とは生活者の相互扶助組織であり、私的企業形態である株式会社とは目的が異なっているのである。

　世界の生協に目を向けると1844年にイギリスのマンチャスターに近いロッチデールで28人のフランネル織物工によって生活協同組合が設立されたことが最初である。これらの人々は失業の苦しみにあえいでいる労働者を相互扶助の精神と自助の精神で解決するために協同組合を立ち上げ、商品を仕入れるようになったのである。日本では1945年に生協の前身である日本協同組合同盟[8]が設立され、消費者による自らの生活を守るための流通組織が誕生した。

　商品流通全体で見れば生協（消費者による商品流通）の割合は決して高くないが、本来は買い物をするだけであった消費者が流通過程に進出したということは大きな事実である。この消費者が流通過程へ進出したことにより、消費者からの流通の側面を解明する必要が生まれ、メーカーの流通過程への進出同様に商業論の理論では流通が解明できなくなったのである。これが流通論誕生の二つ目の契機となる。

　これらの要因をまとめると、従来は商品流通を担当するのは商業者だけであったが、そこにメーカー、消費者が介入してきたことによって商品流通全体を解明する学問として流通論が誕生したということになる。流通論とは生産と消費の間にあるさまざまな懸隔を社会的に結びつける、マクロ視点から商品流通全体を解明する学問と理解することができるのである。

(1)　律令制時代における官設の市場のこと。
(2)　「いちくら」もしくは「いちぐら」と読む。市で取引のために商品を並べた場所のことを指す。
(3)　近年、和同開珎より先に作られたとされる「富本銭」や「無文銀銭」が出土しており、

和同開珎が日本最初の貨幣ではないという議論も起こっている。年代としては富本銭や無文銀銭の方が古い貨幣と言える。しかしこれらは流通量の観点から見て統一通貨ではない。律令制や発行量，出土範囲の広さから考えるなら和同開珎は制度として最古の流通貨幣と言える。

⑷　問丸や座は12世紀にはすでに発生しているが，専業者に発展するのは13世紀に入ってからだと言われている。また海外では商人団体としてのギルド（Guild）やハンザ（Hanse）がある。

⑸　四日市市や八日市市のように，定期市が開かれたことに起因して現代の市の名前になっているところも存在している。

⑹　大名の蔵屋敷の商品の出し入れや販売に関する仕事を大名に代わって行っていた。

⑺　関西五綿とは，繊維商社から発展した関西の五大繊維商社のことであり，伊藤忠，丸紅，日本綿花（現：双日），東洋棉花（現：豊田通商），江商（現：兼松）を指す。

⑻　1879年に東京において共立商社，同益社，大阪における共立商店などが設立されているが，いずれも短命に終わっている。

【参考文献】

荒川祐吉（1974）「商業および商業学の史的展開」，久保村隆祐・荒川祐吉編著『商業学』，有斐閣。

石原武政・矢作敏行編著（2004）『日本の流通100年』，有斐閣。

岡田一範（2019）「小売商業」，名古屋学院大学商学部編『商業概論』，中央経済社。

佐藤肇（1971）『流通産業革命：近代商業百年に学ぶ』，有斐閣選書。

──（1974）『日本の流通機構』，有斐閣。

野口智雄（2019）『入門・現代流通論』，日本評論社。

橋本勲（1971）『現代商業学』，ミネルヴァ書房。

森下二次也（1995）『流通組織の動態』，千倉書房。

山中章（2005）「市と文字」，平川南・沖森卓也・栄原永遠男・山中章編『文字と古代日本3：流通と文字』，吉川弘文館。

第2章
小売業の役割と現状

岡田　一範

1. 小売業とは

　小売業とは何か。最終消費者に商品を販売する商業者のことを指す。しかし、近年ではメーカーの直営店が小売段階に進出するケースや、もともと、卸売業として発展してきた流通業者が小売機能を強化しているケースも散見され、最終消費者に商品を販売するのは小売業だけではなくなっている。

　小売業も最終消費者に商品を販売するだけでなく、PB商品の開発といった生産過程への進出、ショッピング・センターの開発、金融業界への参入と、小売機能を保持しながら新業態への開発を積極的に進めている。加えてインターネットによるネットビジネスの登場によるネットとリアルの融合による業態、パソコンメーカーのデルを代表とする小売製造業、アパレルのユニクロや家具のニトリを代表とする製造小売業、レンタルビジネスに代表される小売業とサービス業、プラットホームビジネスと呼ばれる企業の中にも小売業とプラットホームビジネスの双方の機能を有するものの現出など、従来はどちらかの産業に属していた業態が複数の領域をカバーし、小売業の中で「境界融合」が現出し、新たな業態が生み出されている（原田・三浦，2016）。

　このように小売業を位置づけることは単純なようで実は難しく、用語が表現する純粋な形での企業はなかなか存在しないのである。それは、今日の成熟社会の影響を強く受け、生き残るために関連する分野へ拡大しようとする組織行

動の現れとも言える。

　流通過程においてメーカーでも消費者でもない第三者は商業者と位置づけられるが、この商業者は卸売業者と小売業者に大別され、双方の主たる業務は再販売購入であるが、販売対象の相違によって区別されている（卸売業については第3章を参考にして欲しい）。アメリカマーケティング協会(AMA)は小売を「消費者に直接販売することに含まれる諸活動」(AMA, 1960) と定義している。最終消費者に商品を販売するためのさまざまな活動や過程が小売活動であり、それを生業とする商業者が小売業者である。加えて小売業者であっても卸売機能を持つ場合もあることからも、経済産業省の商業統計によれば年間販売額の50％以上を占める商業者を小売業者としている。

　以下に示すのは日本の商業統計調査[1]における小売業の分類である。

①個人用（個人経営の農林漁家への販売を含む）又は家庭用消費のために商品を販売するもの
②産業用使用者に少量又は少額に商品を販売するもの
③商品を販売し、かつ同種商品の修理を行う事業所
④同種商品の修理料が商品販売額より多い場合でも修理業とせず小売業とする。ただし、修理のみを専業としている事業所は修理業（大分類Q-サービス業（他に分類されないもの））となる
⑤製造小売事業所
⑥ガソリンスタンド
⑦主として無店舗販売を行う事業所（販売する場所そのものは無店舗であっても、商品の販売活動を行うための拠点となる事務所などがある訪問販売又は通信・カタログ販売事業所）で、主として個人又は家庭用消費者に販売する事業所
⑧別経営の事業所（官公庁、会社、工場、団体、遊園地などの中にある売店で当該事業所の経営に関わるものはその事業所に含めるが、その売店が当該事業所以外のものによって経営される場合には別の独立した事業所として小売業に分類する）

2. 小売業の役割

　小売業が商品流通において果たす役割を消費者の視点から考えてみたい。消費者は自分の欲しい商品の多くを店舗で購入する。そのときに消費者は知らず知らずのうちにさまざまな便益を得ている。その便益を①立地、②入手時間、③品揃え、④ロット・サイズの観点から考えてみる。

①立地

　しばしば「小売業は立地産業」と言われるように、小売業にとって立地は重要な課題である。それを消費者との関係から見ていきたい。消費者は自分の欲しい商品を店舗で購入する。こだわりの強い商品に関しては自宅から遠く離れた場所まで買いに行くこともあるだろうが、日常的な買い物に関しては自宅の近くで済ませることが多く、店舗への移動距離が短ければ短いほど消費者にとっての便益は高まる。消費者は地理的に分散しており、それに合わせて小売業も地理的に分散して立地することで、消費者に便益を与えることができる。

　しかし、小売業が地理的な分散をするとは言え、生産者も地理的な分散をする必要はなく、むしろ生産者に必要なのは地理的集中である。菓子製造業の井村屋では、あずきバーを製造する工場は三重県にしかない。しかし、全国の小売店であずきバーを購入することが可能である。生産者は地理的な集中をすることで規模の経済による大量生産が可能になる。製造工場が家から離れていたとしても、小売業の地理的分散が成されていることで、消費者は商品を近隣の小売店で購入が可能になる。流通の活動により、商品が地理的に分散し消費者に近づき、地理的な便益を提供することになる（原，2014）。

②入手時間

　消費者はある商品が欲しいと思った場合、入手時間が短いほど高い便益を感じる。消費者にとっての便益は、近くの店舗に欲しい商品が在庫としてあり、欲しいときにすぐに入手できることである。在庫がない場合、取り寄せることになるが卸売業者のもとに在庫があるのか、生産者のもとに在庫があるのかで入手時間が変わってくる。小売業は消費者に入手時間の短縮という便益を提供することになる。

③品揃え

　小売業者による所有権移転は、一般に仕入活動・販売活動に伴って行われる。小売業者は商品の種類と品質を勘案し、適正な品揃えを形成すると同時に、消費者の潜在的なニーズを予測して、消費者の生活が豊かになる品揃えもしなければならない。小売業者は生産者や卸売業者に代わり商品を販売する販売代理の役割と、消費者に代わり購買する購買代理の役割を果たしている。その意味でも小売業にとって品揃えがいかに重要かが理解できるであろう。

　消費者は購買する場合、関連する商品を同時に購入することを望む。これを関連購買という。例えば、食品を買う場合でも肉と生鮮食品、調味料を同時に購入できた方が利便性は高い。同時に、特定の種類の商品を買うにしても、アサヒスーパードライとキリンラガービールといった、ブランドを比較しながら購買することを望んでいる。これを比較購買という。この比較購買をするにあたって消費者に多くの選択肢を与える店舗は利便性の高い店舗となる。

④ロット・サイズ

　消費者が一度に購入する商品の数量は、基本的に小さい。取引される商品の単位の大きさをロット・サイズと呼ぶ。ロット・サイズが基本的に小さいほど、消費者の便益は高まる。商品が企業間で取引される単位は段ボールなどのケース単位だが、小売業の店頭で消費者に販売されるときは1個単位のバラ売りになる。つまり、流通過程の川上へ行くほど、ロット・サイズは大きくなり、川下へ行くほどロット・サイズは小さくなる。

　商品流通においてロット・サイズは大きい方が一度に大量に流通されるので効率は良く、流通費用も節約できる。流通チャネルは各段階でロット数を調整しながら、次の段階へと商品を流通させている。小売業は流通チャネルの末端に属し、消費者に商品を販売していることからも、大口で仕入れた商品を、消費者に向けて小さなロット・サイズへ変化する。このように生産者と消費者の間に商業者が介在することで、消費者にはさまざまな便益がもたらされる。

　上記のように流通過程において小売業が果たしている役割は重要であることが理解されたと思う。これ以外にも物流機能や、危険負担機能、情報収集・伝達機能など、さまざまな機能を商業者は果たしているが、商業者固有の役割を

考えてみたい。小売業者の主たる活動は生産者もしくは卸売業者から商品を仕入れ、消費者に販売することである。この活動を「再販売購入活動」と呼ぶ。小売業者が商品を買うということは、自己所有が目的ではなく、他の誰かに販売することが目的である。つまり、自らが欲しいと思う商品ではなく、消費者が欲しい商品、すなわち市場で売上が見込める商品を仕入れる必要がある。

　流通過程において商業者は「社会的売買の集中」という役割を担っている。商業者は多くの生産者の商品を買い集め、品揃えをして消費者に販売する。つまり、生産者から商業者を捉えると、自らに代わって消費者に商品を販売する「販売代理」の役割を果たし、消費者から商業者を捉えると、自らに代わって生産者から商品を購入する「購買代理の役割」を果たしている。商業者は生産者と消費者の間に介在するが、ただ単に両者の間に介在し、利益を得るのではなく、再販売購入活動を行う主体として流通過程に存在している。

　商業者固有の役割は、「社会的売買の集中における品揃えの形成」である。例えば入手時間に関しても、輸送業者に頼むことで、商品を届けてくれる。もしくは倉庫業者を利用して、消費者に取りに来てもらうことも可能である。また、生産者が販売員を雇い、直営の販売拠点を全国各地に設けることで入手時間やロット・サイズを調整し、商業者が介在することと同じような便益を提供することができる。従って、生産者と消費者の間に商業者が介在することで、さまざまな便益を消費者に与えられるが、それだけでは商業者が流通過程に存続する意義を見出すことはできない。

　商業者が商品を仕入れて販売するということは、所有権の移転が伴う。生産者が直営店を設けて、消費者に販売する場合や、運輸業や倉庫業に商品の運送を頼む場合、その所有権は消費者に販売するまで生産者の手にあるが、商業者が商品を仕入れる場合、所有権の移転が伴う。所有権の移転を取引と言うが、取引には金銭的だけでなく、労力や時間、心理的負担を含んだ費用がかかる。商業者は仕入れた商品が売れなかった場合のリスクも負担することになる。

　商業者は商品を仕入れないことには、自らの店舗において品揃えを形成することができないから、取引の費用やリスクを負担してでも、あえて商品を仕入れて販売する。すなわち、品揃えを形成するかしないかが、商業者と輸送・倉庫業者や生産者の販売拠点と根本的に分ける特徴になっており、品揃えの形成

は商業者固有の役割である（高嶋，2012）。

3.　商業の社会的機能

　商業者固有の役割として、社会的売買の集中によるアソートメントを形成することで存立根拠を保っているが、商業者の実際の活動はアソートメントだけではない。それを Clark and Clark（1942）の「機能的アプローチ」から見ていくことにする。流通において発生するさまざまな懸隔を社会的に架橋するためには流通機能が必要となり、クラークは流通機能研究の第一人者である。クラークの機能研究が評価される理由は、商品やマーケティング機関に関係なく、必要なすべての機能が遂行されなければならず、また中間商人の存在理由、流通費用、特定のマーケティング制度や方法が発展したことを説明した点である。さらに、具体的なマーケティング問題の解決にも機能的アプローチが有効であると主張した点である（尾崎，1993）。

⑴　クラークの機能分類

①交換機能（functions of exchange）
a.　需要創造（販売）（demand creation（selling））
　交換機能は、所有権の移転のために必要な諸活動である。そこに属する需要創造（販売）は販売そのものではなく、販売の効果的な実施に必要な一切の諸活動が含まれている。すなわち特定の生産物を売り手にとって満足な価格で販売する買い手を見出すことに関連する諸活動の総称である。

　交換機能の中でも販売機能が特に重要な機能となるのは、工業が発達した諸国においては、生産部門全体を見渡してみると過剰生産の傾向が強い場合である。この過剰生産を解消するためには、生産者および商業者は需要創造に努めなければならない。需要創造の基本的な方法に人的販売および広告があげられる。加えて各種の販売活動として、①市場の研究、②市場に適合する商品の計画、③生産物を消費者まで移転せしめる方法の三つの案出が求められる（森下，1993）。

b.　収集（購買）（assembly（buying））

収集機能には二つの側面がある。一つ目は同種類の生産物を、経済的な輸送、保管、選別、販売、消費にとって必要な分量にまで個々の生産者から収集する過程である。二つ目は異種類の商品を、生産者、販売業者および消費者が必要とする程度に生産、販売および消費の場所にまで収集する過程である。いずれにせよ収集は購買により実現される。

収集機能の本質は判断および購買努力である。消費者が求める商品は何か、それはどのくらいの量なのか、いくらで求めているのか、いつまでに求めているのか、といった商品を取り揃えるにあたって直面する諸問題に対して正しい判断を下すのが収集機能の核心である（森下．1993）。

②物的供給機能（functions of physical supply）

c.　輸送（transportation）

輸送は生産物を生産地から消費地まで移転することである。生産地域の特殊化と大量生産方式とは、今日の経済制度のもとにおける生産方式の特徴である。それが成り立つのは、輸送機能が正常に作用しているからである。近年における大都市への人口集中の結果、消費財は広範囲な遠隔地から集荷されることが必要であり、これが実現されるのは、今日、輸送制度が発達しているからなのである。

輸送業者は商品を輸送すると同時にそれを保管する機能も有している。しかし、その主たる機能は商品の場所的移転であり、保管業務は付随的なものになる。実際、輸送の効率が上がればそれだけ保管業務が縮小されるという関係にある（森下．1993）。

d.　保管（storage）

保管は生産された時間から消費されるときまでの間、鮮度、価値を保持し管理する活動である。保管が果たす役割は、主に二つに大別される。一つ目は、生産または消費における季節性の需要供給の調整である。先述した時間的懸隔とも関連するが年間の一時期にのみ生産される商品は、消費されるまで保管されなければならず、また消費に季節性がある場合も同様である。二つ目は、市場状況ないし需要供給の適合関係である。供給過剰の商品は市場での供給が逼迫して価格が高騰するまで、あるいは他の有利な市場への輸送準備が完了する

までの間、保管されなければならない。保管は輸送と密接な関係にあり、輸送に適した量の商品が集荷されるまで保管が必要であり、輸送中も保管が継続されなければならないのである。

③補助的、促進的機能

　商業の社会的機能は、商流、物流、情報流に関わる各種の機能を指し、クラークの機能分類でいうところの①交換機能および②物的供給機能となる。これらの機能だけが円滑に行われていれば、流通が滞りなく行われるわけではない。流通を補充する機能が必要であり、それが補助的、促進的機能である。クラークはこれを流通に欠くことができない機能としたが、すべての学者が同じ立場ではない（森下，1993）。

e.　金融（financing）

　現代のマーケティング活動において多くの資源を必要とし、大量の商品を保管することが必要であることからも重要になっている（尾崎，1993）。市場金融の問題は、流通機能の遂行に必要な資金の供給に関する問題である。例えば、需要供給に季節変動のある商品を取り扱う場合、繁忙期は閑散期に対して多額の資金が必要になる。もし自己資金を準備できなければ他からの資金融通を必要とするからである。このような金融問題にも備えておかなければならないのである。

f.　危険負担（risk-taking）

　商品流通には自然災害、火災、事故、流行による売れ残り等、さまざまなリスクが含まれている。自然災害や事故等の回避が困難なリスクに対しては保険適応が可能であるが、流行による売れ残り等のリスクに対して保険は適応されない。保険適応がされないリスクに対しては、ビジネスマン自身が引き受けなければならない。

g.　標準化（standardization）

　標準化を広義に解釈すれば、生産物の標準設定、生産物を検査による該当する等級の設定、設定された標準に照らして生産物を幾つかの等級群に選別することの三つの活動に分けられる。標準化は、販売の基礎と深く関わり、現物販売、見本販売、説明販売があり、標準化が進めば見本販売と説明販売が行われやすくなり、そのことによって大量購買を可能にし、経済性が高まるのである。

h. 市場情報（**market information**）

　市場情報とは、入手可能な商品、売り手および買い手のニーズを収集することである。商品の流れを正しい流通経路にのせるためには、豊富で正確な市場情報が関係者の間で速やかに流され、利用者によって正しく解釈されることが必要である。このような情報は、新聞、雑誌などからも得ることができるし、専門の調査機関に委託して収集することも可能である。

4.　日本の小売業の構造

　今日の日本の小売商業の構造を見ていくことにする。この商業の構造を概観するのに適しているデータは、経済産業省が実施する商業統計である。商業統計は、センサス調査（商業店舗の実数調査）という意味で小売商業の構造を分析する最も基本的で重要な統計である。1952 年に初めて調査が行われて以降、1976 年までは 2 年に 1 回、1979 年から 1997 年までは 3 年に 1 回、1997 年からは 2007 年までは 5 年に 1 回調査が行われてきたが、総務省所管の経済センサス（基礎調査・活動調査）が創設されたことに伴い、経済センサス・活動調査の 2 年後に実施されることになり、最新の商業統計は 2016 年である。

　図 2-1 は、日本における小売店舗数の推移を示している。最新の商業統計において日本の小売業は 990,246 店（法人 599,684 店、個人 390,562 店）となっており、調査開始以来、初めて 100 万店を割り込んだのである。日本の小売業は 1982 年の 1,721,465 店をピークに減少を続け、特に法人格を持たない個人商店の減少は如実に現れ、1982 年には約 130 万店も存在していた個人商店が、2016 年の調査では 390,562 店となっており、ピークから 34 年間で約 70％が姿を消したことになる。この傾向が今後劇的に改善される見込みは薄い。中小小売業も過去には政治的な運動を展開し、大規模小売店舗法を成立させ、現在でも自助努力や各種補助金を活用した経営努力を続けているが、成長したという明るい話題は少ない。一方、法人の小売業は増加傾向にあり、1982 年には 435,822 店だったが、2016 年には 599,682 店と 1.3 倍に成長している。

　2016 年の商業統計調査では、小売業の集計対象が約 81 万店（全体の約 81％）であったことから、全体的な傾向を掴むことはできるが、正確な把握ができな

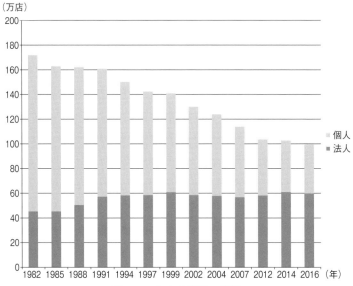

図 2-1　小売店舗数の推移

出所：商業統計表より筆者作成。

表 2-1　2016 年小売店舗数、従業員規模別割合、年間販売額

従業者規模	店舗数・従業員規模別割合				年間販売額	
	法人	個人	計	割合（%）	金額（百万円）	割合（%）
計	482,725	326,399	809,124	100.0	138,015,622	100.0
2 人以下	90,798	230,165	320,963	39.7	5,886,006	4.3
3〜4 人	107,187	59,187	166,374	20.6	9,285,932	6.7
5〜9 人	139,978	18,604	158,582	19.6	23,086,385	16.7
10〜19 人	85,989	14,253	100,242	12.4	29,152,248	21.1
20〜29 人	27,117	3,640	30,757	3.8	14,757,741	10.7
30〜49 人	16,328	497	16,825	2.1	13,477,626	9.8
50〜99 人	10,630	53	10,683	1.3	16,711,637	12.1
100 人以上	4,698	0	4,698	0.6	25,658,048	18.6

出所：商業統計表を基に筆者作成。

いことには注意が必要である。**表 2-1** は 2016 年の商業統計調査の結果による小売業の店舗数、従業員規模別割合、年間販売額を表している。店舗数の減少が著しいとは言え、中小小売業は現在でも約 60％の店舗数を占めているが、年間販売額は全体の 11％を占めるに過ぎず、小売業全体における地位の低さを見て取ることができる。一方で従業員が 50 人以上の大規模小売業は、商店数に占める割合が 1.9％しかないにもかかわらず、売上高では 30.7％を占め、店舗数と売上高の関係からも中小小売業の衰退と大規模小売業の成長を見て取ることができる。日本の小売業はかつてより、欧米、特にアメリカから、①日本の流通構造は多段階であり、高価格での商品販売を余儀なくされ、消費者が豊かな生活を享受できない。②「系列取引」や「グループ内取引」が多く、不透明であり、閉鎖的である、という小規模多数で非効率という批判を受けてきた。ただ、今日、現状の小売構造の変化からも、少しずつではあるが指摘が解消されつつあると言える。

5. 日本の小売業態

　中小小売業の衰退と大規模小売業の成長によって日本の小売業は、諸外国から批判されてきた。今日、小規模多数で、非効率な流通構造という課題を解消するようになってきたが、このことは研究面においても研究対象の変化という点で影響を与えている。ここからは研究対象の変化という観点から、小売業の業種と業態を考察していきたい。

　これまで小売業を分類する際には、「業種」（Type of Business または Kind of Business）および「業態」（Type of Operation または Type of Management）が使用されてきた。業種とは、取扱商品で小売業を分類する伝統的に小売業の様態を表す重要な概念であった。1949 年に当時の通商産業省が公表した「日本標準産業分類」、1952 年に同省が調査を開始した「商業統計調査」においても業種で分類され、1960 年代の早い時期までは小売業を研究対象とした場合、業種店が大多数を占める状況から、業種による分類が可能であったと言える（石川, 2015）。しかし、それ以降、消費財製造において設備拡張や技術革新により大量生産体制が整い、大規模小売業が全国に拡大すると様相が変化する（林,

1962）。1970年代には個人商店と大規模小売業の新旧対照による研究、1980年代以降は大規模小売業が研究対象となっていき、近年の小売業の研究において業種分類を用いることは少なく、テキストレベルでも業種による分類を見ることは減ってきた。

　現在でも業種店は存在しているが、2012年の商業統計調査で法人小売業が個人小売業を店舗数の上でも逆転し、零細で生業的な個人商店が売上だけでなく、店舗数の面でも小売業の中核を占める時代は幕を下ろした。つまり、小売業の研究対象が業種ではなくなったと言うことである。

　業種研究に代わる小売業を分類する基軸として、「どのように売るのか」の販売方法や経営方法の違いで分類するものとして「業態」が位置づけられる。個々の小売業者が自らの持つ商品取扱い技術の制約を克服し、多種多様な商品が販売可能になった場合、業種を超えて業態となる。業態は、業種とは異なった商品の取り扱いをすることから、取り扱う商品の種類や範囲をも超える小売業を意味する。

　現在の商業統計で分類されている小売業は、百貨店、総合スーパー、専門スーパー、コンビニエンス・ストア、ドラッグストア、その他スーパー、専門店、家電大型専門店、中心店、その他小売店、無店舗販売の11業態[2]であり、この業態がセルフ方式、取扱商品、売場面積、営業時間の四つの基準でもって、営業側面から定量的に分類されているのが日本の分類の特徴である。この業態以外でも商店街やショッピング・センター等の商業集積による業態も存在している。これらは日本の商業統計分類ではカテゴライズできないことから、全国商店街振興組合や日本ショッピング・センター協会が独自の調査によってデータを蓄積している。他にもSPA[3]、インターネット型小売業等、商業統計以外にも認識されている小売業は存在している。

　小売業態は、品揃え、店舗規模、立地、販売方法、付帯情報・サービスなど、小売業の顧客への対応である小売ミックスによる小売マーケティングにより類型化される。しかし、同じ業態内に属する企業も、直面する市場環境の相違が大きくなると活動様式が多様化し、同じ企業内でも、市場環境変化に適応するためにその活動様式が進化する（田村, 2008）。業態の生成・導入期では新しい市場機会を捉えるため、企業の独自戦略が強く反映された多様な活動様式が見

受けられ、これを拡大期における活動様式の多様化と位置づけることができる。業態が成熟期に入ると、競争や模倣の結果、コモディティ化した活動様式に収束していく。しかし業態が衰退期に入ると、各企業は生き残りをかけて、再び企業の独自戦略が強く反映された活動様式の多様化への舵取りをし、こちらを縮小期における活動様式の多様化と位置づけることができる。近年の百貨店、コンビニエンス・ストア等が多様化しているのはこの現れである。

　これまでの小売業の発展を振り返ると、百貨店、総合スーパー、コンビニエンス・ストア、カテゴリー・キラー、SPA 等、さまざまな業態が生まれてきた。その業態も一様ではなくさまざまな形へと分化している。新しい業態は所得や価値観などの消費者の変化、情報、交通、輸送などの小売業の技術的変化、規制緩和などの制度的変化といった環境変化から生まれてきた。このような、環境変化に対して、既存企業が迅速に対応できないとき、それを機会と捉えた企業が新たな業態を生み出し、成長してきた。これまでも新しい業態が生まれてきたように、これからも新しい業態は生まれることが予想される。高嶋（2012）によると新しい小売業態が生まれる源泉は、小売業革新である。業態という区分は似通ったビジネスモデルを有する企業の集合体であることから、基本的に同業態内に属する企業は競合他社となる。生き残っていくためには競合他社に先駆ける革新的活動が必要である。

　小売業態は、企業や消費者などステイクホルダー、法律、文化、経済等、企業を取り巻く内部環境、外部環境の変化によってその在り方が変化することからも、普遍的な小売業は存在しないのである。従って、企業の本質である「永続する」ということに焦点を当てていけば、そのために取扱商品カテゴリー、立地、価格帯等の戦略を変更していくことは自然な流れである。加えて、近年では小売業の機能は、所有権移転の販売機能だけでなく、小売サービスを提供しているのではないかという議論があるように、小売業態の変化は続き、革新的取り組みや、環境変化に対応できる小売業が、今後も存続できるものと考えられる。

⑴　商業統計表より引用。詳細については商業統計表を参照されたい。
⑵　商業統計表より引用。詳細については商業統計表を参照されたい。

⑶　Specialist retailer of Private label Apparel（プライベートブランドアパレルの専門店：生産機能をもったアパレル専門店）の略。

【参考文献】

AMA（1960）HP https://www.ama.org/

Clark, F. E. and C. P. Clark（1942）*Principle of Marketing*, Macmillan.

石川和男（2015）「わが国における小売研究焦点の変化：小売業種研究から小売フォーマット研究への道程」，専修大学学会編『専修商学論集』，第100巻，1-19頁。

石原武政・竹村正明・細井謙一編著（2018）『1からの流通論』（第2版），碩学舎。

伊藤元重編（2005）『新流通産業』，NTT出版。

尾崎久仁博（1993）「第7章 F・E・クラーク：機能的アプローチの集大成」，マーケティング史研究会編『マーケティング学説史＜アメリカ編＞』，同文舘出版。

高嶋克義（2012）『現代商業学』，有斐閣。

──・西村順二編著（2010）『小売業革新』，千倉書房。

田村正紀（2008）『業態の盛衰』，千倉書房。

崔相鐵・岸本徹也編著（2018）『1からの流通システム』，碩学舎。

林周二（1962）『流通革命：製品・経路および消費者』，中公新書。

原頼利（2014）「流通の役割とは何だろうか」，崔容熏・原頼利・東伸一著『はじめての流通』，有斐閣。

原田保・三浦俊彦編著（2016）『小売＆サービス業のフォーマットデザイン』，同文舘出版。

森下二次也（1993）『マーケティング論の体系と方法』，千倉書房。

第3章
卸売業の役割と現状

岡田　一範

1. 卸売業とは

　卸売業とは何か。商業者は再販売購入を生業とするが、販売対象によって卸売業と小売業に分けられ、最終消費者に商品を販売する商業者を小売業、最終消費者以外に販売する商業者を卸売業という。最終消費者以外とは小売業、他の卸売業、業務用使用者などが含まれる。小売業は対最終消費者への取引をする商業者であるので、扱うモノは消費財しかないが、卸売業は消費財以外にも原材料やエネルギー資源、生産設備などの産業財も扱っている。しかし、現代の流通構造を見渡してみても、メーカーや小売業が卸売機能を有する場合もあり、純粋な意味での卸売商業はなかなか存在しない。加えて、卸売業者は小売業者と異なり目で見て分かりにくい。小売業者であれば百貨店、スーパー・マーケット、コンビニエン・ストアとさまざまな業態や企業名をあげることができるが、卸売業者の企業名をあげようとすると難しい。また、たとえその企業の目の前にあったとしても、その企業が卸売業者か否かを判断することも難しい。例えば、名古屋には繊維関係の豊島、瀧定等といった老舗の卸売業者、繊維商社が存在しているが、そのような企業を見てこれが卸売業者や繊維商社と判断することは難しい。卸売業者とは目で見て分かりやすい企業ではなく、業務内容も分かりにくい。しかし、流通経路の中で重要な役割を果たしているのである。

　柏尾（1975）は、レブサン（Revzan, 1961）の考えを引用し、①購買者が最終消費者ではない、②商品の取引数量が大きい、③小売商より販売商品の変化の幅が大きい、④販売範囲が地理的に広い、⑤商品の単位あたりの単価が低い、この五つの特徴を持つ商業者を卸売業と理解できるとした。しかし、これでは卸売商業の本質に行き着いていないと批判し、資本の運動法則から「卸売商業は、一般消費者に販売を行う領域を除いて、流通過程で活動する卸売商業資本の運動である」とした。橋本（1971）も「最終消費者に直接販売する流通段階以外において機能する承認あるいは商業資本である」としている。卸売商業はこのように規定されるが、消費者に直接触れることが少ないことから、一般人にはわかりにくい。加えて卸売業は問屋、商社（専門商社、総合商社）、代理店、特約店、販売会社など、さまざまな名称で呼ばれることからも、理解を難しくしていると言える。経済産業省が行う『商業統計』において卸売業は以下のように示されている。

　　①小売業又は他の卸売業に商品を販売するもの
　　②建設業、製造業、運輸業、飲食業、宿泊業、病院、学校、官公庁等の産
　　　業用使用者に商品を大量又は多額に販売するもの
　　③主として業務用に使用される商品｛事務用機械及び家具、病院・美容院・
　　　レストラン・ホテルなどの設備、産業用機械（農業用器具を除く）、建設材料
　　　（木材、セメント、板 ガラス、かわらなど）など｝を販売するもの
　　④製造業の会社が別の場所に経営している自己製品の卸売事業所
　　⑤他の事業所のために商品の売買の代理行為を行い、又は仲立人として商
　　　品の売買のあっせんをするもの（代理商、仲立業）

　経済産業省の定義からも卸売業の特徴を抽出すると、①再販売購入を生業としていること、②取引対象が最終消費者以外であること、この2点に絞られることが分かる。

2. 卸売業の役割

(1) 需給結合機能

　流通の役割とは、生産と消費の間にある懸隔を埋めることであるが、この表現はあまりにも漠然とし過ぎているので、卸売商業の社会的役割という観点から詳細に検討してみたい。**図 3-1** に示すように消費者が生活の中で地理的に分散すると、小売業もその消費者を求めて地理的に分散して店舗を立地する。特に「小売業は立地産業」と言われるほど、立地は売り上げを左右するほど重要なのである。しかし、良い立地を求めて各地に出店をしようとしたとしても、そこに商品を供給する生産者や卸売業者が存在しなければならない。他方、生産者は生産コストを抑えるために安価で広大な土地を求めて、都市部ではなく郊外に生産拠点を構える。このように生産者と消費者が地理的に分散している場合、そこに存在する懸隔を埋める活動が必要になる。すなわち離れている生産者と消費者を結合するということであり、その役割を果たすのが商業者なのである。小売業が地理的に分散できるのは仕入先という意味で卸売商業が存在

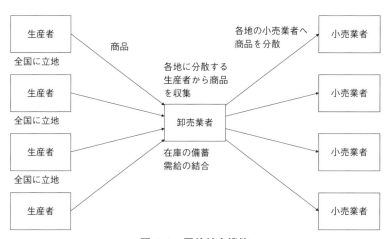

図 3-1　需給結合機能

出所：筆者作成。

し、生産者と小売業を結び付けているからである。しかし、需給結合機能はこのような物理的な意味だけではない。

　消費者は小規模、分散性、個別性という消費特性を有している。消費者は自らのライフスタイルの中で生活に必要な商品を必要に応じて必要量購入する。例えば食料品を買う場合は、当日に必要な量、多くても1週間分の購入しかせず、このような消費者が全国に散らばっていることからも、小売業は一般的に小規模分散性という特性にならざるを得ない。加えて、商圏内の消費者に対応するために品揃えの幅を広げなければならず、結果的に小売業における社会的売買の集中は流通費用の節約が大幅に制限されるのである。そのような制限を打ち破るために卸売業は介在しているのである（森下，1977）。つまり、小規模分散性という特性を持つ小売業の需給バランス、大量生産した商品を大量販売するために全国的な販売網を持ちたいと考える生産者の需給バランス、この双方の望む需給バランスを卸売業者は調整するという重要な役割を果たしている。

⑵　品揃え形成

　商業者の社会的存在意義は、社会的売買の集中による品揃えの形成である。商業者は生産者の販売代理機能と、消費者の購買代理機能を果たしており、その売買が商業者に集中することから、社会的売買の集中と呼ばれる。卸売業者は多種多様な生産者等と取引をし、多くの取引先へと販売していることからも、取り扱われる商品の一つ一つは異質なものが多い。それらを川下へと流していく過程において、卸売業者、小売業者、消費者にとって意味のある組み合わせを形成しているのである。

　例えば、農作物等は出荷段階では規格も等級もバラバラな状態であるが、小売業に向けて流通させる過程でおのおの同一規格や等級のモノの集合体を作らなければならないので、そのための品揃え形成機能である。加えて需要側に向け量的調整も行う。卸売業が取り扱う単位、小売業が取り扱う単位、個々の消費者が必要とする単位はそれぞれ異なっている。従って商品を流通させる過程では品揃えに加えて、取引先が必要とする量的調整もしなければならないのである。

　近年では生産者や小売業者が大規模化し、独自のマーケティングやマーチャンダイシングを行い、卸売業の収集分散機能も担うようになっている。このことは卸売業の地位は相対的に低下しているが、あくまでも収集分散機能を他者が担うようになっただけであり、卸売機能そのものの重要性は変わっていないのである。他にも卸売業者は金融機能、危険負担機能、情報収集・伝達機能といった機能を担っているのである。

3. 卸売業者の存在意義

　卸売業者が流通過程に存在する社会的意義について考察してみたい。私たちの日常を思い浮かべてみよう。朝起きてから夜寝るまでに無数の財を消費して生きている。朝起きて顔を洗うために洗顔石鹸とタオルを使い、朝食ではコーヒーを飲み、パンとサラダを食べる。これだけ見ても無意識のうちに絶えず多数の商品の品揃えを構成しているのである。分業社会において一人の生産者がこれらの商品をすべて生産しているわけではないし、別々の生産者が専門性を持って生産したほうが効率的なのは明らかである。このような品揃えを形成するための消費者行動を考えてみよう。消費者はこれらの商品の生産者一人ひとりを回る直接流通の方が効率的だろうか、あるいはこれらの商品が品揃えされている商業者から購入する間接流通の方が効率的であろうか。答えは後者である。例に出したのはあくまでも朝の日常生活の１コマである。それ以外にも日

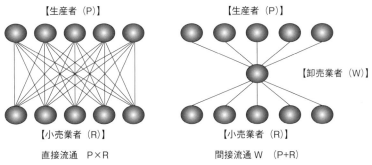

図 3-2　直接流通と間接流通による取引数の比較

出所：筆者作成。

常生活で使用している商品を考えると、それらを購入するために一社一社回ることにかかる労力は想像以上であろう。それに対して生活に必要な商品を取り揃えてくれる商業者が存在すれば、こんなに楽なことはない。これが商業者の役割なのである。そのことをマーガレット・ホール（M. Hall）の二つの原理から説明することにする。

(1) 直接流通と間接流通による取引数の比較

図3-2は直接流通と間接流通における取引数の比較を表している。ここにP人の生産者、R人の小売業者がおり、P人の生産者はいずれも異なったモノを生産し、R人の小売業者はそれらすべてが欲しいと仮定しよう。そうすると取引数はP×Rとなる。一方、生産者と小売業者の間に卸売業者が介在すると取引総数はどうなるであろう。生産者は卸売業者に販売を委ねればよく、小売業者も購買を卸売業者へ委ねるだけで品揃えを形成できることになり、取引総数はW（P＋R）となる。このように卸売業者が介在するか否かによって取引総数および社会全体の流通コストが大幅に削減されることがわかる。加えて1回の取引には発注、商品選別、帳簿記入等の多くの作業が付随してくることからも、商業者が介在する間接流通が果たす社会的役割は大きいと言える。

(2) 不確実性プールの原理（Principle of Pooling Uncertainty）

この原理はマーガレット・ホールが提唱したものではあるが、名づけたのは他の論者なのである。これは不安定な需要や供給に対処するために、個々の小売業者が分散的に在庫を保有するより、卸売業者が集中的に在庫を保有したほうが市場全体における在庫の絶対量が減り、結果的に市場全体の流通コストが抑制されるという原理である。

図3-3のように、5人の小売業者がいたとする。需給バランスは常に変動することを考慮して、販売機会ロスを発生させないよう小売業1社あたり500個ずつ在庫を保有した場合、社会全体で必要な在庫は500×5＝2,500個になる。他方、卸売業者が介在して400個の在庫を保有した場合、各小売業者は在庫の保有に際して前者よりも少量で良くなる。仮にその在庫量を200個と仮定した場合、社会全体で必要な在庫量は400＋（200×5）＝1,400個となり、流通過程

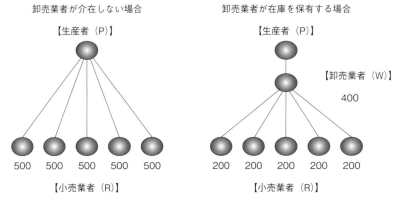

卸売業者が介在しない場合　　　　　卸売業者が在庫を保有する場合

【生産者（P）】　　　　　　　　　　【生産者（P）】

【卸売業者（W）】

400

500　500　500　500　500　　　　200　200　200　200　200

【小売業者（R）】　　　　　　　　　【小売業者（R）】

図 3-3　不確実性プールの原理

出所：筆者作成。

全体で 1,100 個の在庫が削減できたことになる。

　特に卸売業者が早急に在庫を供給できる体制を有していれば小売業は自社で多くの在庫を保有するリスクからも解放されることになる。また、各小売業で同一の商品が同時に売れることはほとんどない。卸売業者は各小売業において不確実に発生する需要に備えて一定の在庫を保有すればよいのである。

4.　日本の流通構造に対する批判と流通革命論

　ここまで流通における商業者の必要性について見てきたが、日本の流通構造は非効率的で近代化が進んでいないという批判を欧米、特にアメリカから受けてきた。その主な批判点は次の 2 点にまとめられる。

　①日本の流通構造は多段階である。従って高価格での商品販売を余儀なく
　　され、消費者が豊かな生活を享受できない
　②「系列取引」や「グループ内取引」が多く、不透明で閉鎖的である

　このような批判を浴びてきた日本の流通構造であるが、その矛先は主として卸売業者へと向けられてきた。しかし、本当にこの批判は正しいのだろうか。

その国、その国において商業や流通の形が異なるということは、その国の風土や歴史から作られてきた結果なのではないだろうか。このような批判を浴びても、日本の卸売業の従事者数、従業員数、年間販売額は1980年代まで増加してきたのだが、1990年代からは減少傾向に転じている。流通過程において小売取引は一つのモノに対して一回だが、卸売取引は複数回存在する場合がある。日本では流通段階が多段階、すなわち流通に関わる卸売業の数が多く、非効率的で近代化が進んでいないという理由から批判を受けてきたのである。そのことが典型的に表れるのが1960年代の流通革命の時代における『問屋無用論』や『卸排除論』である。主な論者である林周二と佐藤肇の論点を整理する。

　初期の論者である林は当時の日本の小売業の大多数が中小零細規模であることを問題とした。生産面では大規模製造企業が成長し大量生産体制が整っていても、流通面がそのような状況では大量生産された商品を効率良く消化することが困難なため、小売業が大規模化し大量販売体制を整える必要があったのである。そこで、その主体に当時の日本で急成長していたスーパー・マーケットを置き、そのような大規模小売業が大規模メーカーと直接取引することで、中小零細小売業が多数存在する「細いパイプ」が乱立した状態ではなく、「太いパイプ」が少数育つ状態になると主張した。大規模小売業が発達し大量販売体制が整えば、製造企業と小売業が直接取引するようになり、問屋機能は排除され短い流通経路ができあがり、低価格販売が可能となる（林, 1962）。このように小売業が小売商業としての成長を遂げることでの卸売業の排除論へとつなげている。

　一方、このような初期の流通革命論に批判をしたのが佐藤肇（1971）である。佐藤も林と同様に流通機構の近代化や合理化を主張したが、その方法をミクロ的な立場から小売商業が産業化することの必要性に求めた。単独の小売商業がいかに大型化しても仕入量、販売量への限界はある。たとえ一つの店舗が小規模であったとしても、それが多数分散され、複数の店舗が統一的に管理されたチェーンストア経営となり絶対的企業規模が実現されることで小規模分散的な小売商業から大規模小売企業へと成長する。そしてこの大規模小売企業は産業資本と資本の運動法則を貫徹する。すなわち大規模小売企業がチェーンストアを築き上げ、店舗数を増加し、その結果兼ね備えた大量販売力まで持つことが

できれば、その力で生産段階まで介入する経営革命が実現することである（佐藤，1971）。つまり、佐藤は流通革命の方法に PB 商品の開発を置き、小売商業が産業化することでの流通近代化を主張したのである。

　上記のような議論が日本でも起き 50 年近くが経過するが、卸売業者は排除されず、現代においても一部の大規模小売業と大規模メーカー間での直接取引が見られるだけである。その理由は 2 点にまとめられる。一つ目は卸売業者の特性である。卸売業は商業者の中でも最終消費者に商品を販売する小売業以外を指す。小売業者は基本的に最終消費財を販売するが、卸売業者はそれだけではない。最終消費財の販売を生業とする卸売業者もいるが、機械設備や原材料などの産業財を販売する卸売業者も存在するのである。特に高度経済成長期における原材料の輸入、製品の輸出に強く関わったのが、総合商社であり、彼らも卸売業者に含まれるのである。

　二つ目は消費財に限定しても、問屋無用論や卸排除論が現実にそこまで起きなかったことである。第 1 次卸、第 2 次卸、第 3 次卸といったそれまで分割されていた多段階卸が第 1 段階取引となったケースは多いが、それは卸売業者一社あたりの規模が拡大し、第 2 次卸、第 3 次卸が担っていた機能を第 1 次卸で担えるようになったからである（原田他，2021）。

　このように1960 年代に議論された流通革命論を発端とする『問屋無用論』や『卸排除論』は現実にならなかったが、近年は再び卸売業の存在意義が問われ「新問屋無用論」が議論されるようになっているのである。

5. 流通機構の発展

　ここまで流通における商業者の必要性について見てきたが、商品の流通機構は一つではない。商品特性、企業規模等、さまざまな要因が複雑に絡み合って決定されるのである。流通機構とは流通過程において、商品が生産者から消費者に到達するまでの継起的流通段階を中心とする社会経済的メカニズムである（橋本，1971）。つまり、生産から最終消費に至る財貨、サービスの流れに関係するすべての要素を抱合する全体のメカニズムということができる。

　本来、流通機構は社会経済的マーケティング論からみたマクロ的概念の中で

捉えられてきたことからも、個別企業のマーケティング・チャネルとは趣が異なる。マーケティング・チャネルは生産者から消費者に至るまで個々の商品の具体的ルートを指す。この具体的ルートが多数集まることで社会経済的な流通機構ができあがる。個別企業はマーケティング・チャネルの選択において、流通機構の中から能率的なチャネルを選択するのである。つまり、流通機構はマーケティング・チャネル選択における母集団と言うことができる。流通機構とはどのような構造になっているのであろうか。個別企業がマーケティング・チャネルを選択することで無数の流通機構が構成され、それらが典型的パターンとして類型化され、拡大傾向から縮小傾向へと変遷してきた。

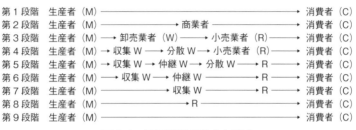

図 3-4　流通機構の拡大と縮小

出所：筆者作成。

　図 3-4 は流通機構の拡大と縮小傾向を示している。第1段階は、生産者と消費者が直接取引をする直接交換型流通機構である。これは生産者も消費者も小規模であり、かつ物々交換の段階も含まれるいわゆる原始的形態である。この流通機構を発端として、生産量の拡大と共に商業者が介入するようになる。商業者は流通過程に介入し、卸売業者と小売業者へ分化する。さらに卸売業者はおのおのの役割に応じて収集卸、仲継卸、分散卸へと再度分化を進め、第5段階まで達する。この流通機構の発展は、生鮮力の発展に伴って拡大する市場に対して、その受け皿となる商業者が分化する発展過程と言うことができる。

　他方、第6段階以降の流通機構は縮小傾向に入る。この縮小傾向は、発展段階とは質的に異なり基本的に卸売業者が排除されるようになる。これは生産者ないしは小売業が大規模化することに起因しており、このどちらかないし双方が大規模化することで卸売業が保有していた機能を担えるようになり、卸売業

者が排除されると言うことである。つまり、流通革命論で予測されていたのは
この状態だったのである。最後の第9段階は第1段階と同じくして、生産者と
消費者が直接取引をするが、第1段階は流通が未発達な状態であったのに対し、
最後の第9段階は流通が極度に発達した結果としての流通機構であるので、両
者の違いには注意が必要である。

6.　卸売商業の構造変化

　1960年代に起きた流通革命論で予測された問屋無用論や卸排除論の方向に
現実には進まず、大規模小売業は仕入面で卸売業への依存を続けたのである。
しかし、現在では流通機構の第8段階や第9段階の状況を一部ではあるが、見
受けることができる。

　　　・外資系小売業のコストコは大ロットの定番商品を中心にメーカーからの
　　　　直接仕入の比重を高める低価格販売
　　　・イオンなどの大手小売業も農作物等の一部の商品で契約農家などからの
　　　　直接仕入を拡大
　　　・近年のインターネット事業の成長によりアディダスはインターネット販
　　　　売を基軸に置き、消費者への直接販売比率を高める計画を発表

　このように、卸売の排除は一気に進んではいないが、取引先の卸売業者数を
絞り込み、部門ごとに特定の1社ないし数社への絞り込みをすることでの効率
化を図っている。また、近年ではインターネット販売の急成長によりD2Cと
呼ばれる消費者への直接販売をする新興メーカーも増えてきており、卸売業だ
けでなく、小売業の排除も一部では見受けられるようになってきている。この
ように、商業者の排除は徐々に進行しており、この傾向は今後さらに拡大する
と予測される。
　このような仕入における卸売業への依存体質を脱却する転機が訪れるのが
1980年代である。1980年代まで日本の流通構造は事業所数、従業員数、年間
販売額が増加傾向にあったが、その後は減少傾向が続いている。

表 3-1　日本の卸売業構造

	事業所数 (計)	事業所数 (法人)	事業所数 (個人)	従業者数	年間商品販売額 (百万円)
昭和 63 年	436,421	317,876	118,545	4,331,727	446,483,972
平成 3 年	475,983	361,614	114,369	4,772,709	573,164,699
(平成 3 年再集計)	461,623	355,074	106,549	4,709,009	571,511,668
平成 6 年	429,302	337,173	92,129	4,581,372	514,316,864
平成 9 年	391,574	313,136	78,438	4,164,685	479,813,298
平成 11 年	425,850	339,977	85,873	4,496,210	495,452,581
平成 14 年	379,549	307,259	72,290	4,001,961	413,354,832
平成 16 年	375,269	304,626	70,643	3,803,652	405,497,178
平成 19 年	334,799	273,670	61,129	3,526,306	413,531,672
平成 24 年	371,663	321,848	49,815	3,821,535	365,480,510
平成 26 年	382,354	332,947	49,407	3,932,276	356,651,649

出所：商業統計表。

　表 3-1 に示すように平成 3（1991）年は卸売業の事業所数、従業員数、年間販売額のピークであり、平成 26（2014）年の調査はピーク時の平成 3 年と比較してそれぞれ事業所数約 18％、従業員数約 17％、年間販売額約 38％の減少になっている。しかし、この時期の卸売業者は大規模化、総合化、国際化、利益率の向上を見受けることができることから、単純に衰退したということはできない。大規模小売業の発展が卸売業者の構造変化に強い影響を与えているのである。

　日本における小売業態の認識は三越呉服店が出した「デパートメント・ストア宣言」からである。1953 年にスーパー・マーケットの紀ノ国屋が開店し、他にもダイエーや西友ストアーもあったが、業態店はこの程度であった。当時あった約 120 万店の小売業のうち、約 150 店舗の百貨店が小売販売総額の10％を占め、残りを膨大な零細小売業が占めるという二重構造（荒川，1962）が見られたのである。しかし、1960 年代から 1980 年代にかけて日本の小売業は大きく変化し、スーパー・マーケットチェーンストア経営を武器に日本で急成長したり、フランチャイズ・チェーンを背景にコンビニエンス・ストアが著しい成長を見せたり、他にもドラッグストア、ホームセンターといった小売業

態が次々に誕生していったのである。

　この新たな小売業態の誕生に加えて1973年に制定された「大規模小売店舗法」を筆頭に各種流通規制に対して国内外からの批判が高まり、1989年の日米構造協議を経て規制緩和の方向へ進むようになった。この流通規制緩和により大規模小売業はチェーン・システムを武器に出店攻勢をかけ、さらにはPOSシステムをはじめとする各種の情報技術を積極的に導入し、流通産業を作り上げるようになったのである。この大規模小売業の成長により日本の流通構造は、大規模メーカー対大規模小売業という構図が鮮明となり、卸売業の構造にも多大な影響を与えたのである。大規模小売業の成長に伴い、中小零細小売業は廃業や撤退を余儀なくされ、同時に彼らに商品を供給していた中小規模の卸売業者も廃業や倒産に追い込まれたのである。このことが先述したような卸売業の量的縮小につながっているのだが、裏を返せば生き残っている卸売業は大規模化、広域化、総合化と行った抜本的な経営改革に成功したと言うことができる。

　上記のように大規模小売業の成長は卸売業者の構造に強い影響を与えてきたわけだが、近年の大規模小売業はそれまで卸売業に依存してきた卸売機能や物流機能までも保有するようになっており、新問屋無用論（原田他，2021）と呼ばれるようになっている。しかし、これまで見てきたように流通過程における卸売機能は必要なものであり、今後もその必要性は変わらない。ただ、その機能を担う主体にメーカーや小売業も進出するようになっているのである。従って今後の卸売業はSCM（Supply Chain Management）や小売業のリテールサポートといった、それまで培ってきたノウハウやネットワークを生かして新たな方向性へと舵取りをしていかなければならない。

【参考文献】

Revzan, David A. (1961) *Wholesaling in marketing organization*, University of California.

―― (1965) A Sectional View of History of Marketing in the U. S., in Bennet, P. D., ed., *Marketing and Economic Development*, American Marketing Association.

荒川祐吉（1962）『小売商業構造論』，千倉書房。

石川和男（2016）「小売業態をめぐる認識と研究展開」，専修商学論集編集委員会編『専修商学論集』，第102巻，1-16頁。

──（2018）『基礎からの商業と流通』（第4版），中央経済社。

岡本廣作（1966）『卸売マーケティング』，中央経済社。

柏尾昌哉（1975）『商業学総論』，実教出版。

経済産業省HP

　（https://www.meti.go.jp/statistics/tyo/syougyo/gaiyo/taisho.html）最終閲覧2022年3月26日。

佐藤肇（1971）『流通産業革命：近代商業百年に学ぶ』，有斐閣選書。

──（1974）『日本の流通機構』，有斐閣大学双書。

高嶋克義（2012）『現代商業学』，有斐閣アルマ。

名古屋学院大学商学部編（2019）『商業概論』，中央経済社。

橋本勲（1971）『現代商業学』，ミネルヴァ書房。

林周二（1962）『流通革命：製品・経路および消費者』，中公新書。

──（1964）『流通革命新論』，中公新書。

原田英生・向山雅夫・渡辺達朗（2021）『ベーシック流通と商業』（第3版），有斐閣アルマ。

マーガレット・ホール著・片岡一郎訳（1957）『商業の経済理論：商業の経済学的分析』，東洋経済新報社。

森下二次也（1977）『現代商業経済論 改訂版』，有斐閣。

──（1993）『商業経済論の体系と展開』，千倉書房。

第4章
流通とマーケティングの関係

岡田　一範

1. 理論と実践

　経営学部や商学部といった社会科学系の大学へ入学すると流通論やマーケティング論、商学、経営学といった科目を学ぶことになる。これらの科目は基本的に企業の活動を分析対象としていることから、リンクする箇所もあるが、異なった特徴を持っている。他方、経済学となると少し趣が変化する。経営学と経済学の違いは、研究対象とアプローチ方法である。経済学は理論を中心に、国全体のヒト・モノ・カネが学問対象であるが、経営学は理論と実践の両面から企業を学問対象とし、企業に関する問題、現象を学ぶ。つまり、経営学で学ぶ領域は実践面で生かされなければならない。このように似通った学問であってもその領域や研究対象、アプローチ方法が異なることからもその違いを明確にしておくことは重要なのである。

　理論とは膨大な実践から作り出され、何か物事を説明するツールとして使われる。理論の上に実践が成り立っていると考えても良いだろう。その実践が繰り返されて新たな理論が生まれる。理論を学ぶことは、実践を説明するため、現状を分析して次を予測するため、何か問題が発生した場合の原因究明、解決策を考案、次の問題を発生させないような対策を採るため等、さまざまな面で必要である。加えて重要になるのは理論を学び、それをいかに自分のものに当てはめて考えることができるかということである。

　他方、実践面はどうだろう。例えば「商業」と聞いて、どのようなものを想像するだろう。売買活動のことが思い浮かぶのではないだろうか。確かにそれは商業活動の一部であるが、すべてではない。また、最近では流通やマーケティングという言葉が一般的となり商業という言葉を聞く機会が減っているように感じている。加えて商業、流通、マーケティングの活動を同じものとみなしたり、同義として捉えられたりすることも少なくはない。ただ、実務面においてはこれらの概念の違いはさほど重要ではない。組織が存続していくための方法論として商業学の考えを適用することも、マーケティング論の考えを適用することも、経営学の考えを適用することも自由なのであり、自らが携わっている商業活動、流通活動、マーケティング活動が順調に機能し、組織が利益を上げ存続できていればよいのである。しかし、研究者や学生がこれらの活動を同様なものと捉えることは問題である。それは、根の張っていない植物と同じで非常に不安定な状態なのである。従って本章では流通論、商業学、マーケティング論の相違、共通点を明確にしていくこととする。

2.　流通論の対象

　流通論とマーケティング論の関係を明らかにする前に、商業学について論じたい。近年では商業学や商学という言葉を聞くことが少なくなり、大学の講義名や文献を見渡してみても同様に減少傾向にある。国立国会図書館のデータベースによれば、2000〜2020年の20年間に限定しても「商業」「商学」「商業学」が題名に付いている文献は128件なのに対して、「流通」「流通論」「流通革命」と題名が付いている文献は610件である[1]。

　現在では商業学ではなく、流通論が商品流通に関する研究のトレンドのように認識される傾向があるが、商業学の発展的解消としての流通論やマーケティング論が位置づけられるものなのか、流通論やマーケティング論の学問領域の広がりにより、その一部として商業学が位置づけられるものなのか、つまり流通論やマーケティング論による商業学の抱合なのか。そのあたりに対する明確な解答がなされないままに、商業・流通・マーケティングへの研究が進み、なおかつ細分化している。従ってここからは商業学の対象およびを、流通論との

相違点を明確にしていくことにする。

　商業学とは商業者による商業を研究、解明する学問であり、いくつかの類型に分けることができる。まずは、商業学説についてレビューする。

(1)　交換説

　最も古い商業学説である。この説は商業と交換を同一視する見解であり、交換そのものが商業と考えられた時代の概念である。さらに交換形態に即して三つに分けられる。

　第1は交換一般を商業と解する立場である。この立場は交換が偶然的、例外的に行われるか、規則的、組織的に行われるかは区別していない。いわば、企業同士の交換、企業と消費者の交換、消費者同士の交換、貨幣と商品の交換、物々交換というように誰と誰が交換しても、何と何が交換されても、とにかく交換さえ行われればすべてが商業として捉えられる。この立場をとる先学者には、ロイクス（J. M. Leucks）、メロン（J. F. Melon）、アダム・スミス（A. Smith）があげられる。

　第2は規則的、組織的交換のみを商業と解する立場である。この立場は偶然的、例外的にしか行われないような交換は商業とみなさないが、規則的、組織的に交換が行われれば商業としてみなす見解である。ただ、規則的、組織的に交換が行われるにあたって、貨幣と商品の交換なのか、商品同士の交換なのかは問題とはならない。とにかく交換が規則的に行われれば、それらはすべて「商業」とみなされるのである。この立場をとる先学者にはシェア（J. F. Schar）がいる。

　第3は限定的に貨幣による交換のみ、つまり売買のみを商業と解する立場である。交換に貨幣を用いることで売買の形態となり、交換の形態としての売買を商業と規定するものであって、物々交換は除いて考えられる。この立場をとる先学者は野村兼太郎、ジーフェキング（H. Sieveking）がいる。

(2)　再販売購入説

　再販売購入説は、商品の単なる販売や購入ではなく、一方で購入したものを他方に売る場合の売買、いわゆる再販売購入を商業とする見解である。これは

生産と消費の経済的分離の中で、人的分離を克服するために、商人が生産者から商品を購入し、消費者に販売するという経済行為に着目して、再販売を目的とした商品の購買に関する諸活動の統合が商業として解されてきたものである。

　これも、生産者による販売を含むか否かによって分類される。

　第1は再販売購入一般を商業とする立場である。この立場は購入したモノをそのまま販売するか、何らかの加工を施して販売するかを区別しない。販売と、その販売を達成するための購買が結合すれば商業とみなす。この見解では「加工」に関しての詳しい規定はない。したがって、消費を目的とした購買は商業ではないが、生産者が原材料を購入し、それを加工して全く他のモノとなってから販売するという、いわゆる一般的な生産者の売買も商業として認めるということである。つまり、この考えに立脚すると生産者も商業を営んでいるということとなる。

　第2は生産を伴わない再販売購入を商業とする立場である。これは再販売購入一般を商業と解することに混乱が生じることを回避するための見解である。つまり、純粋に再販売購入に着目し、その主体、目的、方法などは問題としない。購入した商品に運搬や分割以外なんら本質的な変化を加えないで販売する場合の再販売に限定して商業とする。つまり商人以外が再販売購入を行った場合も商業となる立場である。これは商業を最広義に規定する場合に最適な見解の一つとなる。しかし、この見解そのものは運輸業や保管業、金融業といった他の業務の従事者、協同組合などが再販売購入をする場合にも適用される可能性を含んでいるので、商業を広義に捉えるあまり、不明点が生まれてくることとなり、若干の手直し、つまり主体の部分の限定づけが必要になる。

　第3は商人商業説とも呼ばれる立場がある。この立場は再販売購入を業とする商人が営利を目的に組織的・継続的に行う場合に限って商業とする立場であり、商人商業説と捉えることができる。これは営利、すなわち利潤追求が一つのキーワードとなっている。つまり財を購入した場合、本質的変化を与えず、売却することで利潤を求める営利行為を商業とする見解であり、狭義の商業論を展開する場合に妥当性を持った説となる。

(3)　配給説（組織体説）

　配給組織体説は向井鹿松によって提唱されたが（向井，1963）、向井は社会経済的視点から商業の本質を捉えようとしたのである。これはこの当時の経済状況が、生産者から消費者へいかにして商品を流通させるか、ということが問題視されていた時代背景の中で生まれ、生産と消費の人的分離を克服するために種々の組織体がこれに従事してきたことから、これを商業と捉えようとしたのである。つまり、商業を生産者から消費者に至るまでの商品移転という事実に関連して規定しようとする見解であり、商品を生産者から消費者まで社会的に移転させる活動、ないしかかる活動が結合される結果として現れる商品の社会的移転を普通配給と呼ぶことから、配給説と呼ばれる。配給説は大きく二つに分けられ、売買を担当する組織ないし企業が商業の対象となる。

　第 1 は商品の社会的移転を商業と解する立場である。商品が生産者から消費者まで転々と社会を流通していく現象を配給と言い、商業現象も同じ意味である。この立場は商業と流通を同一視している。

　第 2 は商品を社会的に移転せしめる労働を組織的に行う経営体を商業と解する立場である。財貨の人的移転は人間の労働によって行われる。その目的を達成するための労働が統一的意思の下に組織されるとき、その組織体を商業と規定する。

　配給説は売買を担当する組織をその対象としているので、営利、非営利の目的を問うものではない。また売買を行うことを重点としているので、商業を行う組織体は商業者に限るものではなく、生産者や国家、消費者を問わない。向井がこの立場から商業を規定したので、配給説は「向井商業論」と呼ばれる。

(4)　商業機能説

　交換説、再販売購入説、配給説は活動ないし現象そのものの視点から商業を捉えるが、商業機能説は活動ないし役割が社会的に果たす役割あるいは作用を結果的に見ることによって商業と規定する見解である。機能論は生産と消費との経済的隔離を克服する"機能"を商業とみるものである。

　それによれば、商品の社会的流通現象は商業現象として捉えられるが、その

ためには商品の流通機構の存在が問題となる。つまり、流通機構がなければ商品流通がないわけである。つまり流通機構とは商品を生産者から最後の消費者まで、転々と社会を流通せしめる社会的な機構または組織なのである。こうした社会的な流通機構はいかにして生成するのであろうか。この機能論の研究対象である流通機構の構成要素は、主として個々の企業であり、企業と企業との常住的な売買関係ということになる。つまり、個々の構成要素（ここでは企業）が個々バラバラに存在するだけでは機構と成り得ず、そこに売買関係の継続が必要とされている。そしてこのような流通機構の存在があってはじめて、すなわちそこでの売買という媒介によって生産、消費の両過程は社会的な経済組織として成立することになる。

　このような流通機構の発展には"機能"が必要である。従って、社会的機能を発揮し得ない流通機構は社会的には存在し得ないことになる。何故なら、その機能は組織の存在する根拠であり、またその発展する動力となるからである。

　先述した三つの説は、すべて何らかの活動・現象・存在に即して商業を規定しようとしたのに対して、機能説ではこれらの活動・現象・存在の対社会的な機能を結果的に捉えて商業を規定しようとするものである。

　つまり先述した三つの説を排除するのではなく、その機能を強調するものである。従って生産と消費を結びつける分離の克服をもって商業の機能としている。

①生産と消費との場所的分離の克服を商業の機能とする立場
②生産と消費との場所的ならびに時間的分離の克服を商業の機能とする立場
③生産と消費との場所的、時間的ならびに人的分離の克服を商業の機能とする立場
④生産と消費との人的分離を克服することを商業の本質的機能とする立場

　谷口吉彦がこの立場から商業を規定したので商業機能説は「谷口商業論」と呼ばれる（谷口, 1953）。

(5)　取引企業説

　配給説の不備に対応して整備しようと企画されたのが取引企業説である。福田敬太郎がこの立場から商業を規定し、最も壮大な体系を示したので取引企業説は「福田商業論」と呼ばれる。商業の「商」は取引行為を意味し、「業」は経営体を意味し、合わせて取引行為経営体すなわち取引企業を意味する（福田，1955）。つまり、取引を行う企業をすべて「商業」と規定するわけである。その、取引の範疇には商品という有形財だけでなく、資本力や用役（サービス）も含まれる。加えて取引形態においても売買取引のみでなく、賃借取引もサービスを取引する企業も商業の対象として含まれている。これら個々の取引行為を経営する組織が商業となる。つまり、商業者が行う売買だけでなく、生産者、銀行、運送業等が行う売買も区別なく商業としている。取引企業説は広義の立場で商業を展開しているので自ずと対象範囲が広くなる。

　商業とは主な目的が他の経営体とある一定の取引をすることに存在するところの企業である。このことから、商品の売買取引を主な目的とする卸売業、小売業は言うまでもなく商業である。生産者であっても、同一組織内に販売部門や販売会社を有していない場合は、主な目的が製品の販売となることから企業全体を商業とみなすことができる（福田，1955）。加えて、金融は資金の賃貸取引、信用の授受取引を行っていることから商業となり、サービスの雇用取引を主たる目的とする運輸業、倉庫業、ホテル業、物品の売買取引とサービスの雇用取引を兼ねて主たる目的とする飲食業も商業となる。つまるところ、売買取引を目的としている企業はすべて商業とみなされるということになる。しかし、「商＝取引」という概念で商業を把握、分析、解明しようとした考えはあまりにも壮大過ぎたために、その後、商業の研究は細分化され、おのおの一つの学問領域へと精緻化されていくのである。

(6)　資本説

　商業を商業資本の運動と捉える立場である。商業は商品流通に関する研究であり、研究対象は「商人の売買からなる商品流通ないし資本流通の独自の部分である（森下，1960）。流通過程は価値も剰余価値も生産しない不生産過程であ

り、その過程でのみ機能する商業資本は価値も剰余価値も生産しない。つまり商業者は仕入れた商品を修理、加工、他のものの付加等をすることなくそのまま販売するのである。

　商業者が流通過程に介入することで、販売と購買は二つの段階に分裂する。つまり生産者から商業者への販売と商業者から消費者へ販売する段階と、商業者の生産者からの購買と、消費者の商業者からの購買の段階の二つである。このときの商業者の行為は再販売購入となり、これが商業の対象となる。

　生産を伴わない再販売購入が商業の対象になるのは、商業者の再販売購入は商品所有者でも消費者でもない、商業者自身の売買として商品所有者の販売および消費者の購買に外的に対立する存在となっているからである。商品所有者の販売と消費者の購買を結び全体としての交換ないし流通過程の部分課程となる。この生産者でも消費者でもない第三者が流通過程に介入して行われる再販売購入は流通の部分過程であるが、他の部分とは異なる独自の一領域となり、商業と呼ばれる。森下二次也がこの立場から商業を規定したので資本説は「森下商業論」と呼ばれる。

　上記のように商業学説は分類される。商業学の範囲は研究者により異なるが、概念としては商品ならびに資本の流通という売買取引を中心として構成されている。従って、個人商店のような中小零細企業が行う小規模取引から、デパートのような巨大組織が行う大規模取引まで存在する。商業とは企業規模だけを考えてみても、非常に幅広く適用できる概念であり、個人や企業レベルのミクロ視点でも国レベルのマクロ視点でも捉えることができる。商学とは商品を扱う売買取引を含む交換を中心に研究する学問であり、商業学は取引経営体による売買取引、すなわち商業者による商品流通を研究する学問である。このように考えると、なぜ流通論という学問が必要なのかという問題点が生じてくる。

　流通を一般的に規定すれば、商品の生産から消費にいたる段階に存在するさまざまな社会的懸隔の架橋であり、商品が生産者から消費者へ移転する現象ないし活動である。流通論とはマクロ視点による社会的懸隔の分析が中心となる。社会的懸隔とは人格的懸隔、場所的懸隔、時間的懸隔、情報的懸隔である。流通論とは商業学では解明しきれなくなった商品流通を解明するために、生産と消費間にある社会的懸隔の架橋について研究する学問である。流通論という学

問が必要となる以前は商品流通を担うのは基本的に商業者だけであった。つまり、生産者は生産に従事し、商業者はその販売代理に従事するという役割分担が明確であった。しかし、生産者や消費者までもが商品流通に携わるようになり、商業学だけでは商品流通全体を解明することができなくなったのである。

　従って流通論の研究対象は商業者だけでなく系列された商業者、生産者が所有する販売会社、消費者によって組織される生活協同組合なども含まれる。流通論にはチャネルの設定など生産者の意図が入るので、マーケティング論とも関連して考慮する必要がある。林（1999）によると流通を論ずる研究者の間で、その定義・範囲または理解の仕方は論者ごとに相当まちまちで定説がないのが現状であり、商業学説のように体系化された理論とはまだなっていない。

①商業者

　商業者とは、商業という売買取引に従事している個人や組織を指し、ミクロ視点で使用される。商業者は商品流通の中で生産者でも消費者でもなく、再販売購入による社会的売買の集中を事業としている卸売業者、小売業者となる。それが可能なのは生産者からは独立している商業者である。独立しているという意味から、生産者の所有する販売会社や直営店、生活協同組合などは含まれない。

　商業者の実際の活動は単なる売買、売り手や買い手との接触や交渉、商品の所有権の移転、代金の授受にとどまらず、運輸、保管、分割、選別、混合、包装など多くの活動を含んでいる。しかも、商業者はこれらの活動を売買と関連して行っている。これらの機能は商業者の活動には含まれるが、考察の対象となる売買活動の内容からは除外され商業補助機能となる。商業学において研究、分析を行う対象となるのは、「雑多の諸活動からきりはなされた、商人の純然たる売買活動、あるいは売買活動そのもの」（森下，1977）である。商業者とはすべてのメーカーに対して中立の立場であるので、すべての取引先と取引が可能なのである。

②流通業者

　流通業者とは、マクロ視点で使用され、生産と消費の社会的懸隔を埋めるために課業を遂行する個人や組織を指す。一般的に流通業者とは小売業と卸売業と考えられているが、実際はそれだけではない。先述した商業者に加えて生産

者が所有する販売会社や消費者によって組織されている生活協同組合や運輸業や保管業などの補助商業者など、生産と消費の社会的架橋に携わっている業者も含まれる。従って先述した商業者よりも流通業者は対象が大きくなる。流通業者という呼称は流通論が誕生した 1960 年代から 1970 年代頃から一般的になってきた。

　消費者に商品を販売する組織を売買取引の側面から捉えれば「商業者」となり、生産者から消費者へ商品を架橋するという側面から捉えれば「流通業者」となる。つまり、同じ物事であっても見る側面や視点が異なると、それを表現する用語も異なるということである。

3. マーケティング論の対象

　日本で商業学という用語が聞かれなくなった背景にはマーケティング論の台頭がある。マーケティングが日本に導入された当初は市場調査技術としての捉え方が中心であったが、時間の経過により商業学に代位するものとして考えられるようになったが、マーケティングの実践活動の中に交換や売買取引活動があるが、すなわちそれがマーケティングの中心として捉えられるものではない（石川，2018）。

　今日ではマーケティングというと、主体と対象の点で NPO やアイデアまで幅広く適応可能な概念であると理解されているが、歴史的には、1900 年代の初頭にアメリカで大規模生産者が製品を自らの責任で売れる仕組みを作り、国内市場問題解決のための市場獲得活動のもとに生み出されてきた技法や考え方である。マーケティングの中心は言わずもがなマーケティング・マネジメントにおける製品（product）、価格（price）、流通経路（place）、広告、人的販売、販売促進等、さまざまなプロモーション（promotion）という四つの P を駆使し、それらを当該企業によって最適な組み合わせとしてのマーケティング・ミックスを作り、市場適応活動を展開することと理解されている。

　風呂勉（1968）によれば「マーケティングは商品流通一般や商業資本の活動を意味するものではない。それは単に企業の対市場活動一般を意味するものでもない。それは、産業資本の、それも独占的な大規模産業資本の直接的な市場

獲得活動を指している。ここにいう直接的な市場獲得活動というのは、そうした産業資本自らが行う販売活動であるというにとどまらず、それが意図する操作や影響力の及ぶ範囲が、単に直接の買い手との関係にだけではなく、当該生産者から最終の消費者・使用者にいたる一貫した商品の価値実現の全工程におよんでいる」としている。マーケティング諸活動の中で、交換や売買取引が行われており、マーケティングは商業学と同義に捉えても問題ないように考えられる。小売マーケティングや卸売マーケティングという用語も実存している。しかし、それは商業者が価格戦略やプロモーション戦略などを策定し、マーケティング諸活動や技法を実践しているということである。交換や取引はマーケティング諸活動の中の一部であり、ましてやマーケティング論は商業学と代位する学問ではない。

4. 流通論とマーケティング論の関係

　流通論とマーケティング論が誕生した背景やその対象を見ていくと、明らかに守備範囲の違いがわかるだろう。つまり理論構成における前提条件や背景が大きく異なるということである。商業学は商業者の活動を分析対象とするものであり、流通論は商品流通における社会的懸隔を分析対象としている。マーケティングとは、生産者による製品戦略や、販売活動など市場獲得のために行われる諸活動の総称を指し、それを学問体系として確立したのがマーケティング論である。マーケティングは市場への適応活動とも理解されることからも、流通や流通論とも相互に関連しているのである。

　本来、商業者とはすべてのメーカーにとって中立的な立場を取り、すべての商品を取り扱うことができる機能を有している。この商業者のもとに商品が品揃えされることで、消費者が商品を買い集める費用や商品を探索する費用が節約されるから、消費者は商業者に引き寄せられるのである。同様にメーカーも多数の消費者と個々に取引をするよりも商業者と取引をした方が効率的であるから商業者と取引をするのである。このように商業者は多種多様なメーカーの商品を品揃えすることで流通過程における存在意義を放っているのである。そのために、商業者とメーカーの利害は完全に一致してないのである。

　メーカーにとって自社商品の市場シェア拡大は重要課題であるが、商業者からすれば特定メーカーの市場シェアの拡大は大きな問題ではない。森下（1993）によれば商業者は同種の商品を同じ生産者から大量に仕入れることもできるだけでなく、異種の商品を多数の生産者から仕入れることも可能である。従って商業者は市場における生産者の販売代理人であっても、特定の生産者の専属販売代理人ではなく、多数の生産者の共同代理人なのである。つまり、商業者は再販売購入を行うために商品を購入するので、特定メーカーの商品を購入するのではなく、市場で売上が見込めるメーカーの商品を購入するのである。このように商業者が品揃えを形成できるのはメーカーから独立していることが条件となる。

　商業者がメーカーから独立することで、メーカーは自社商品を流通させるための流通チャネルを設定したり、流通チャネルを廃止したりするようになる。メーカーは流通チャネルを状況に応じて拡大・縮小といったようにコントロールすることができるのである。特に新規参入する場合や成長期などで市場を大きく拡張したいときはこの流通チャネルを活用して、商業者に自社商品の有利な取り扱いを求めるようになる。このようにメーカーが流通に積極的に関与することは、マーケティング活動の一部であるが、あくまでもメーカーの流通チャネル戦略としての活動なのである。

　メーカーは流通チャネルを設定して商業者をコントロールしてきたが、先述したように商業者とメーカーの利害は完全に一致していないのである。この利害の不一致はメーカーにとって望ましくない状況を生み出すので、メーカーは流通系列化という形で商業者の自律的な行動を統制して、競合生産者との競争に勝つことを目指すようになる。流通系列化とは生産者が卸売業者や小売業者との間に特別な関係を形成して、垂直統合することなく生産者直営のように商品の販売やサービスにおいて協力する仕組みである。流通系列化においては生産者が商業者に強い力を発揮する。

　この流通系列化の背後には商業とマーケティングの対立があり、生産者が商業の性格をマーケティングの目的で変える意味がある。流通系列化とは、生産者が価格安定を目的にして系列店を傘下に治め、自社商品の販売に協力させ、傘下になった系列店は生産者が指示する販売価格を守ることで、各種のリベー

トや補助金、経営指導を受ける関係性を指す。系列店となることで社会的売買の集中に大きな制約がかかるが、その代わりに生産者からの手厚い支援を受け、安定経営を手に入れることができるようになるのである。メーカーは自社商品の市場シェアを拡大するためにはさまざまな形で流通と関わっているのである。

　このようにメーカーも積極的に流通へと関わるようになってきたことで流通論、マーケティング論への理解や線引きを困難にしてきた側面は否めない。特に、今日のマーケティング概念は拡張を続け、営利企業だけでなく、政府・公共団体、学校等の非営利組織の活動もその概念と想定され、活動も商品の流通・販売だけでなく、交換概念が中心のように捉えられるようになっている。しかし、マーケティングが誕生した背景や経緯から考えても、マーケティングの核心は大規模メーカーであり、市場獲得のために行ってきた諸活動の概念や技法を、さまざまな組織が応用していると捉えるべきなのである。

　繰り返しとなるが、商業者による商品流通を研究する学問として商業学が誕生し、売買取引を中心に研究が進められてきた。その後、商業者だけでなくメーカーや消費者も商品流通に関わるようになったことで、商業学の概念で商品流通全体を解明することが困難となり、マクロ視点による社会的懸隔を研究する流通論が誕生した。マーケティングとは、生産者による製品戦略や、販売活動など市場獲得のために行われる諸活動の総称を指し、それを学問体系として確立したのがマーケティング論である。実際のマーケティング活動の中では売買や交換取引が行われているが、それらは市場対応活動としてのマーケティングの一部なのである。このように、それぞれの守備範囲が異なる学問である以上、互いに包摂されるものでもなければ、発展的解消ができるものでもない。それぞれの位置づけを明確にしていかなければならない。

⑴　データの出所は国立国会図書館データベースである。なお、文献に限って調査しており、各種報告書、雑誌記事、論文、増版物は除いてカウントしている。

【参考文献】
石川和男（2018）『基礎からの商業と流通』（第4版），中央経済社。
久保村隆祐・荒川祐吉編（1974）『商業学』，有斐閣。

高嶋克義（2012）『現代商業学』，有斐閣アルマ。

谷口吉彦（1953）『配給通論』，千倉書房。

林周二（1999）『現代の商学』，有斐閣。

福田敬太郎（1952）『商学入門』，廣文社。

――（1955）『商学総論』，千倉書房。

――（1957）『市場論』，春秋社。

風呂勉（1968）『マーケティング・チャネル行動論』，千倉書房。

向井鹿松（1963）『流通総論―マーケティングの原理』，中央経済社。

森下二次也（1960）『現代商業経済論』，有斐閣。

――（1977）『現代商業経済論』（改訂版）有斐閣。

――編（1990）『商業概論』，有斐閣。

――（1993）『商業経済論の体系と展開』，千倉書房。

第5章
マーケティングの誕生と
　マーケティング論の成立

岡田　一範

1. マーケティングとは

　日常生活の中で「マーケティング」ということばに触れる機会は多い。しかし、「マーケティングを一言で表せ」と言われたら明確に答えられる人は多くないであろう。販売、調査、広告宣伝、商品開発……このような表現を思い浮かべるのではないだろうか。確かにこの理解も完全に間違いではないが、これらはマーケティング活動の一部である。マーケティングとは企業による需要創造、市場獲得のための総合的な適応行動である。この概念や主体、適用範囲が拡張したことで、「10人10色」「100人100色」の捉え方をされるようになり、研究者の視覚によってさまざまな定義や概念規定がなされてきた。

　なぜこれほどまでにマーケティングというものの統一的見解が存在しないのであろうか。一つにはAMA（アメリカマーケティング協会）による定義の変遷があると考えられる。後述するが1935年にAMAの前身である全米教師協会がマーケティングの定義を発表し、1960年、1985年、2004年、2007年と定義の変遷を重ねてきていることに加えて個々人の研究者もマーケティングの定義を発表している。そのような経緯から一言で「マーケティングとは」と言い表すことが難しくなり、統一的見解に行き着いていないのではないだろうか。ただ、これまでの研究蓄積を概観していくと、マーケティングは以下のいずれか、またはその組み合せの表象として理解することができる。

①マーケティングという事実…生産や販売における市場問題の解決

②マーケティング技法…市場問題解決のための具体的な手段や方法

③マーケティング論…1）広義のマーケティング論はまだない。2）狭義の
マーケティング論として A. W. Shaw『Some Problems in Market Distribution』に始まり、伝統的アプローチ（商品別、機能別、制度別アプローチ）、マネジリアル・マーケティング、機能主義、産業組織的アプローチ、社会志向的マーケティング、社会的マーケティング、環境マーケティング、メタ・マーケティング等々が展開

　このようにマーケティングは研究者個々人がさまざまな理解を示し、論理を展開してきた。特に1969年にコトラー（P. Kotler）とレビー（S. J. Levy）が"Broadening the Concept of Marketing"で発表した「マーケティング概念の拡張論」において、マーケティングは従来から展開されてきた製品やサービスと貨幣との交換というものを超えたもっと広範囲な状況、例えば学校、病院、博物館、市役所、政党等の交換概念に適応可能であると主張し、マーケティングの対象を営利組織に限ることなく、非営利組織をも含んだのである。すなわち彼らは従来のマーケティングの枠を超えて「人間の必要奉仕と満足」という共通目標の追求概念としてマーケティングを見直し、その中心に「交換概念」を置いたのである。マーケティングの中心を交換概念に置き、マーケティングを単なる企業の道具（tool）にとどまらず、より幅広く、しかも社会的なテクノロジーとして定着させようとしたのである。しかし、このようにマーケティングの対象を拡張したことが先述した「10人10色」や「100人100色」の捉え方につながり、その本質を不明確にしていると考えられる。

　このようにマーケティングが誕生して以来、さまざまな議論が繰り広げられ、1950年代からは「マーケティングは科学か技術か」という議論があったように、「学問」としての性格を持つものなのか否か、「理論」として捉えることは可能なのかという問題点も残っており、「マーケティング」に対する統一的見解は未だに行き着いていないでいる[1]。

　ただ、本章では、マーケティングの誕生から研究されてきた「生産者」をマーケティングの主体として捉えることにする。物事の本質をより明確にするため

には基本に立ち返る必要があり、マーケティングを理解する上でも同様である。これまでのマーケティング活動が生産者である主体から販売対象とする消費者に消費財が提供されてきたからである。したがって有形財の中でも消費財を中心に取り上げていきたい[(2)]。

　「マーケティング」は、「事実」「技法」「理論」といった三つのアプローチがあることを踏まえて、本章では「マーケティング」という現象形態の誕生、それを研究する理論的側面を持った「マーケティング論」ならびに企業的側面を有した「マネジリアル・マーケティング論」の成立について見ていきたい。

2.　マーケティングの誕生

　マーケティングが誕生した背景から明確にしていきたい。マーケティングは1900 年代初頭にアメリカで国内市場問題解決のための技法として誕生したという、研究者間での統一的見解が見られる。マーケティングがアメリカで誕生した経緯をアメリカの歴史ならびに産業革命による大量生産体制の関係から見ていきたい。

　アメリカはコロンブス（Columbus, C.）の新大陸到着によるヨーロッパ諸国の植民地としてその歴史が始まった。それ以前は、インディアン同士の物々交換や貨幣代わりに鳥の羽などを用いて、鳥の羽と魚などを交換する原始的取引が行われていた。その後、ヨーロッパから商人が移住してきたことで貨幣との交換へと進化していく。当時のアメリカは農業中心であり、工業は手工業で細々と営まれる程度であった。

　農業中心の経済から工業中心の経済へと変化していく背景には、ヨーロッパ諸国で産業革命が起こったことに求められる。アメリカでも 1810 年代から1860 年代にかけて産業革命が起こり、手工業的生産から機械的生産への生産方式が転換され、食品産業や繊維産業では大量生産体制が整った。当時の産業の発展をごく大局的に見ると、1850 年から 1900 年にかけての 50 年間にアメリカの農業生産は約 3 倍の成長に対して、工業生産は約 11 倍に成長し、アメリカの中での工業の飛躍的成長を伺うことができる。そして 1900 年にはアメリカの工業生産高は、イギリスの約 2 倍、ヨーロッパ全体と比較しても約

50%をあげるようになっており、名実ともに世界一の工業国になっていった。

　アメリカでは1860年までに3万マイルの鉄道が敷設され、1869年には太平洋まで達した。南北戦争（1861～1865年）を経て工業生産、農業生産が発達していった。生産量が増加してもそれを受け入れられるための国内市場は成長の余力を残しており、企業間競争は緩やかであった。しかし、国内市場の地理的拡大が限界に達し、特に農産物と工業製品の飛躍的な生産量拡大は新しい市場対応方法が求められ、まずは値下げを基軸とした価格政策で対応したのである。

　値下げ競争は一時的な市場獲得のために有効な方法ではあるが、継続的に市場を獲得するためには適切ではない。それは値下げが恒常的になれば企業利益の圧迫につながるだけでなく、消費者がその企業に求めることが品質ではなく価格になるからである。低価格だけが消費者を引きつける要素となると企業の継続的な発展を見込むことは難しくなる。従って全国広告の展開や、製品差別化、ブランディングを積極的に行い、組織的、体系的に市場問題を解決するための技法としてマーケティングが誕生したのである。生成当初のマーケティングは生産地から遠隔の消費地までいかに農産物を移転させるかという問題や生産力向上で過剰になった農産物をいかに市場に押し込むかという問題の解決方法として認識され、個別企業の問題解決よりも、社会全体で農産物の問題解決の色合いが強かった。ここに、社会的な視点で生産と消費をいかに架橋するかという流通課題と重なる部分があり、このマクロ的な流通問題解決のとしてのマーケティングをマクロ・マーケティングと言い、第二次世界大戦終了まで続くのである。後述するが第二次世界大戦後はマーケティングを社会全体の問題解決と捉えるより、個別企業の市場問題解決方法として捉えられるようになったのである。

　このようにマーケティングはアメリカで誕生したわけであるが、産業革命が起こったヨーロッパ諸国でマーケティングが誕生しなかったのはなぜだろうか。そのことについて、アメリカとヨーロッパ諸国の歴史および、市場問題解決方法から考察していく。先述した通りアメリカはコロンブスにより発見され、ヨーロッパ諸国の植民地としてその歴史が始まり、加えて肥大な土地を有する国である。肥大な土地を有していたことでアメリカは余剰生産物が発生したとしても、その流通先を国内市場に求めることができたのである。一方でヨーロッ

パ諸国では大量生産体制は整ってはいたものの、一つ一つの国土は大きくない。つまり、大量生産された余剰生産物を国土の関係上、国内に求めることは困難であったのである。ヨーロッパ諸国はアフリカ諸国に植民地という名の海外市場を有していたことから、余剰生産物の流通先を国内ではなく海外市場に求めたのである。これが国内市場問題解決のための技法として誕生したマーケティングがアメリカで発生した理由である。

　ヨーロッパ諸国の販売問題や市場問題を取り扱う学問として代表的なものに、ドイツ商業学がある。20 世紀初頭のドイツではいわゆるドイツ経営経済学が商業学、商学および簿記・会計論を中心として成立し、その発展過程で生産・工業の問題も含むようになったのである（森，2003）。

3.　マーケティング論の成立

　マーケティングという言葉は 1900 年代初頭にアメリカで生成したとされる。マーケティングが誕生する以前の流通取引の研究や教育に関しては商業学が中心をなし、商取引（trade）、商業（commerce）、流通（distribution）が一般的であった（石川，2020）。マーケティング論成立の萌芽となる先駆的研究はクールセン（F. Coolsen）やコンバース（P. D. Converse）の研究により、19 世紀後半においてわずかながら確認ができる。19 世紀後半の数少ない研究書や手引書の著者として代表的なのは、アトキンソン（Edward Atkinson）、ウエルズ（David A. Wells）、スコット（Walter Dill Scott）等である（橋本，1975）。

　マーケティング研究の萌芽は主として実業界が中心で、アトキンソンは綿工場に関係する実務家であり、実務に携わる傍らで著書の執筆を行っている。ウエルズも実業家であったが、消費と重要の分析をした著書を残している。このようにマーケティング論の先駆的研究は実務家の研究によって推進され、大学の学者による研究は少なかったのである。

　マーケティング論としての最初の研究はショー（A. W. Shaw）による "Some Problems in Market Distribution" であると言われている。ショーは生産における科学的管理法の考え方を流通にも適用しようとしたのである。

　このショーの理論がマーケティング論成立の萌芽とされるのは、理論におい

てマネジリアル・マーケティングの原型を見て取れるからである。まず、ショー
が示した卓抜な着想を整理して、ショーの理論がマーケティング論のスタート
とされる理由を探っていく。

　第1にショーは、経済問題について問題解決（problem solving）の考え方を
示唆したことである。彼は、経営的実践において客観的に問題を発見し、考察
するために、主観的利害や個人的要因を排除すべきことを指摘した。また、発
見された問題がさらに小さい問題から成り立っていること、さらにその問題の
解決に向かうにはどのような要因を認識する必要があるかについて考えてい
る。つまり、マーケティングを企業行動として把握していたということである。

　第2に、彼は戦後の市場細分化戦略に通じる着想を示している。すなわち彼
は、市場が多くの階層（strata、または segment）からできていることを指摘し、
その市場階層は、顧客の地域的分布、精神的態度、民族的特徴などによって特
徴づけられるものとしているのである。

　第3に、彼は市場分析に特別の注意を払い、今までの市場分析は試行錯誤的
であり、市場変動の予測に不確実性を取り除くことの必要性を考えているよう
である。

　ショーの理論がマーケティング論のスタートに求められる理由として、以下
の六つが挙げられる。

　　①マーケティングを企業の行動と把握していたこと
　　②企業の活動を目的に応じて機能的に分類
　　③端緒的ではあるが、消費者志向と市場調査、製品計画についての方向づ
　　　けが見られること
　　④均衡とバランスを重視し、調整的・統合的観点が見られること
　　⑤結合概念が後のマーケティング・ミックスの萌芽と見られること
　　⑥マーケティングの本質を需要創造活動と把握していること

　このショーの研究からも明らかなように、マーケティングとは企業の市場問
題開発のための手法として生成・発展してきた経緯があり、より積極的に市場
を開拓、コントロールし、売上、利益、市場シェアの増加あるいは拡大を具体

的な指標として展開されてきたことから、生成当初から極めて企業的、経営的観点が強く含まれてきたのである。

　しかし、この理論が日の目を見るまでには時間を有したのである。なぜならショーの理論はマネジリアル・マーケティングに通ずる考え方であり、この理論を提唱した頃のマーケティングは配給論や社会経済的なマクロ・マーケティングが主流であったからである。同年代の 1916 年にウェルド（Weld, L. D. H）が『The Marketing of Farm Product（農産物マーケティング）』を出版しており、こちらは農産物を生産地から消費地まででいかに効率的に移動させるかという生産と消費の懸隔を社会的に解決する方法を示したものである。社会的懸隔を埋める方法は今日では流通問題として取り扱われる社会経済的マーケティング、マクロ・マーケティングに関する初期の研究となる（橋本，1975）。

(1)　大学における研究の端緒

　アメリカの主要大学においてマーケティングに関する講義が開講されるようになったのは、1900 年から 1910 年にかけてである。1890 年代にはシカゴ大学やミネソタ大学、1905 年にはニューヨーク大学で広告に関する講義が開講されているが、「マーケティング」という言葉が初めて使われたのは 1902 年にミシガン大学で開かれた "Distributive and Regulative Industries of the United States"（アメリカ合衆国の流通・調整産業）というコースである（橋本，1975）。このコースで「商品マーケティングの様々な方法」の中であったとされる。このコースでは従来の商業学の内容を成す銀行、貿易などとは異なり財貨配給のさまざまな方法および分類、格づけ、使用されたブランド、卸売取引、小売取引などが内容に含まれており、社会経済的マーケティング論の原型がなされたとされている（橋本，1975）。

　同様に 1902 年にイリノイ大学でも "Institute of Commerce"（商業の制度）と "Institute of Commercial Policies"（商業政策の制度）という二つのコースが設置され、"Institute of Commerce" では商業の種類、商業取引の重要性、組織、管理などが論じられ、"Institute of Commercial Policies" では国内商業政策、取引規制、無制限な競争と信用の濫用との防止策について論じられていた。また大学における最初のマーケティングの講座は 1905 年にペンシルヴェ

ニア大学で開講された「The Marketing of Product（製品マーケティング）」という講座であるとされ、1909 年にピッツバーク大学、1910 年にウィスコンシン大学でも講座名に「Marketing」と冠が付された講座が開設されている。

　このように 1900 年代初頭からアメリカの大学においてはマーケティング論に関する研究、教育が始まるのだが、大まかな流れを整理する。

　マーケティングに関連する広告や販売に関する教育は 1890 年以前において行われていたが、大学水準の教育は 1900 年以降に開始され、講義の必要から研究が始まった。1900 年代初頭はマーケティングという用語を、研究においても実務においてもあまり確認することができず、商取引（trade）、商業（commerce）、流通（distribution）が一般的であったが、その後、1905 年頃からマーケティングという用語を確認できるようになっていった。

　ショーがマーケティング研究の原点と言われているが、それは現代にも通ずる企業的マーケティングであり、マーケティング研究が始まった当初は余剰農作物の市場問題として注目され、いかにその問題を学術的側面から解明するかといった社会経済的なマクロ・マーケティングが一般的であった。しかし、第二次世界大戦を境に、マーケティング研究は企業的マーケティングのマネジリアル・マーケティングへと旋回していくのである。

⑵　マーケティング研究の変化

　マーケティングとは生産過剰の時代に対応すべく必要な対市場活動であるがゆえに、極端な言い方をすれば市場が拡大している間においてマーケティング活動はそこまで必要ないのである。ショーの科学的管理法の考えが流通において適応されるようになったのは、第二次世界大戦後の 1950 年代以降である。第二次世界大戦に勝利したアメリカは巨額な利潤を上げ、生産力を高める一方で、国外市場は旧ソ連を中心とする社会主義国とアメリカを中心とする資本主義国とに分裂し、国内市場には高まった生産力を受け入れられるだけの市場が存在せずに、国内外とも消費財市場の相対的狭隘化を招いていた。その問題を解決するために戦後の技術革新により大量生産能力と固定設備の迅速な回収のために短期的な大量販売体制と、強力なマーケティングが必要となったのである。それが経営者主体で行われるマネジリアル・マーケティングである。

　この市場の狭隘化によりマーケティング研究への関心が社会経済的なものから個別企業の市場問題解決へと移ったのである。この関心の移転によりマーケティング研究においても、個別経済的、個別企業、ミクロ的な視点からマーケティングを分析する研究が盛んとなった。この個別企業の経営者視点からアプローチするマーケティングは、社会経済的なマクロ・マーケティングと対比してミクロ・マーケティングと呼ばれる。

　ミクロ・マーケティング研究は経営者の立場から考察しようとするものでマネジリアル・アプローチや意思決定論的アプローチと呼ばれる。1956 年に発表されたフェアードン（P. J. Verdoorn）の論文を契機にアメリカのマーケティング論はマーケティング管理論やマネジリアル・マーケティング論として体系化されていくことになる。

　ミクロ・マーケティングは市場調査やそれに基づくマーケティング・ミックスの中でも特に製品計画が中心的役割を果たす(橋本, 1973)。それはマーケティング・ミックスの 4P's を考えてみても消費者需要を満たすことができるのが新製品であるからである。マーケティング戦略の実施において、製造に先立って行われる市場調査の結果が、企業のマーケティング活動に反映されるという意味ではミクロ・マーケティングとマクロ・マーケティングとは異なるマーケティングと言うことができるのである。

4. マーケティング定義の変遷

　マーケティングの定義は各研究者が、おのおのに定義づけることもあるが、最もオーソドックスな定義は米国マーケティング協会（AMA）の定義である[3]。この定義は消費者、社会、経済状況等、さまざまな環境変化を受ける中で時代に合わせて大きく変化してきている。それはマーケティングが常に顧客を中心とした活動であり、いかに顧客に満足を与えるのかを念頭に置いた場合にその方法論が変化するからである。AMA は 1935 年に第 1 回目のマーケティングの定義づけを行い、その後、1960 年、1985 年、2004 年、2007 年と改訂を重ねてきた。この改訂された定義の変遷を追うことでも、マーケティングの対象領域が当初の商品やサービスを対象としたものから拡張していることが分かる。

【1935年のマーケティング定義】

Marketing includes those business activities involved in the flow of goods and services from production to consumption.

マーケティングとは生産地点から消費地点にいたる商品およびサービスの流れに携わる諸々の事業活動である（筆者訳）

【1960年改訂の定義】

Marketing is the performance of business activities that direct the flow of goods and services from producer to consumer or user.

マーケティングとは、生産者から消費者あるいは利用者へ財やサービスの流れを方向づける事業活動である（筆者訳）

【1985年改訂の定義】

Marketing is the process of planning and executing the conception, pricing, promotion, and distribution of ideas, goods and services to create exchanges that satisfy individual and organization objectives.

マーケティングは個人や組織の目的を満たす交換生み出すために、アイデア、財、サービスの着想、価格、販売促進、流通を計画し、実行する過程である（筆者訳）

【2004年改定の定義】

Marketing is an organizational function and a set of processes for creating, communicating, and delivering value to customers and for managing customer relationships in ways that benefit the organization and its stakeholders.

マーケティングとは、顧客に向けて価値を創造、伝達、提供し、組織および組織を取り巻くステイクホルダーに有益となるよう顧客との関係をマネジメントする組織の機能および一連のプロセスである（筆者訳）

【2007年改訂の定義】

Marketing is the activity, set of institutions, and processes for creating, communicating, delivering, and exchanging offerings that have value for customers, clients, partners, and society at large.

マーケティングとは、顧客、依頼人、パートナー、社会全体にとって価値

のある提供物を創造・伝達・配達・交換するための活動であり、一連の制度、そしてプロセスである（筆者訳）

　このようにマーケティングの定義は改訂を重ねるごとに、対象範囲を拡張しているが、それは企業活動が複雑化していることの現れである。マーケティングを実践し、市場を開拓、コントロールしていくために、対応すべきことが増えれば、それに対応していかなければ市場を獲得することができないからである。今後のマーケティングの基本的な考え方において、コトラーによるマーケティングの発展段階（4段階）を見ることにする（Kotler, et al., 2016：邦訳, 2017）。

　マーケティング 1.0 は費用抑制によるマス・マーケティングの時代である。これは 1950 年代から 1970 年代にかけてアメリカにおける製品中心のマーケティングであり、よりよい製品を生産して販売することで市場を獲得するという思想が中心であった。当時は「製品が欲しい」という消費者ニーズが強かったことから、マーケティングの実践において低価格での製品計画に重きが置かれていたのである。

　マーケティング 2.0 は消費者志向のマーケティングであり、マーケティング 1.0 とは 180 度反対の発想である。1970 年代頃から始まったとされるマーケティング 2.0 では低価格の製品で市場を獲得することが困難になってきたことから、顧客を選別し分析する細分化戦略によって市場獲得を目指す買い手主導のマーケティングへと移行した。マーケティング 2.0 ではいかに顧客を満足させ、消費・使用頻度を上げるが重要課題となった。

　マーケティング 3.0 は価値主導型のマーケティングである。1990 年代以降に始まったとされるマーケティング 3.0 においては製品の差別化だけでなく、顧客に対しての精神的満足度が加わっているのである。この発想が生まれた背景にはソーシャル・メディアの発達における企業と消費者の双方向のコミュニケーション、社会問題、環境問題の解決を企業活動に求められるようになったことがあげられる。つまり、消費者が製品や企業選択において社会的な支持が得られているか否かが判断基準となったのである。

　マーケティング 4.0 は 2010 年代以降の最新のマーケティングである。低価

格製品の高品質化、ライフスタイルの多様化により、消費者行動が自己実現を目指す、精神的価値が求められるようになったのである。一点豪華主義の消費に表されるようにコモディティ化した製品が市場に溢れ、低価格であっても一定の品質が担保されるようになったことで、個々がこだわる部分には製品やブランドの世界観を含めて資源を集中投入できるようになったのである。かかる時代は顧客の自己実現欲求に則するだけでなく、買い手の購買プロセスが重視されるのである。マーケティング 4.0 の時代の顧客購買過程（カスタマー・ジャーニー）は「5A」とされ、aware（認識）→ appeal（印象）→ ask（調査）→ act（購買）→ advocate（推奨）と表される。

　マーケティング 4.0 は顧客が単に製品を購入して、そのアフターフォローをするだけでなく、顧客が使用・消費する過程を経て、その経験を広く推奨、拡散することを目標に置いているのである。ただ、時代がどう変わろうともマーケティングの中心には顧客が置かれ、製品・事業を通してのよりよい社会作りが求められていくのである。

⑴　マーケティングの大論争に関する詳細は、加藤（1979）を参考のこと。
⑵　本章ではマーケティングの主体を生産者に置き、論理を展開した。ただ、生産者から始まったマーケティングの概念や技法を他の組織である小売業、卸売業などにも適応可能であると考えている。
⑶　AMA HP：https://www.ama.org/　最終閲覧日 2022 年 2 月 14 日。

【参考文献】
Kotler, P. and S. J. Levy (1969) "Broadening the Concept of Marketing," *Journal of Marketing*, Vol. 33, No. 1, pp. 10-15.
——, H. Kartajaya, and I. Setiawan (2016) *Marketing 4.0: Moving from Traditional to Digital*, John Wiley and Sons, Inc.（恩藏直人監訳・藤井清美訳『コトラーのマーケティング 4.0：スマートフォン時代の究極法則』、朝日新聞出版、2017 年）
Shaw, A. W. (1915) "Some Problems in Market Distribution," *The Quarterly Journal of Economics*, Vol. 26, Issue 4, pp. 703-765.
石川和男（2020）『現代マーケティング論：モノもコトも一緒に考える』、同文舘出版。
渦原実男（2017）『流通・マーケティング革新の展開』、同文舘出版。
——（2020）『マーケティング哲学と流通革命』、同文舘出版。
加藤勇夫（1979）『マーケティング・アプローチ論：その展開と分析』、白桃書房、55-82 頁。
橋本勲（1973）『現代マーケティング論』、新評論。

――（1975）『マーケティング論の成立』，ミネルヴァ書房。

マーケティング史研究会編（1993）『マーケティング学説史：アメリカ編』，同文舘出版。

――編（1998）『マーケティング学説史：日本編』，同文舘出版。

――編（2010）「マーケティング研究の展開」，『シリーズ・歴史から学ぶマーケティング』，
　　第 1 巻，同文舘出版。

森哲彦（2003）『ドイツ経営経済学』，千倉書房。

森下二次也（1993）『マーケティング論の体系と方法』，千倉書房。

第6章

マーケティング・コンセプトの変遷

岡田　一範

1. マーケティング・コンセプトとは

　消費者のライフスタイルの変化、市場の成熟化、Society 5.0 時代の到来等、現代社会を取り巻く環境は日々変化しており、それに対応すべく企業間競争はますます激しさを増している。加えてソーシャル・メディアなどの新しい技術の進展、SDGs に表される消費者のエコロジーに対する意識の高まり、企業活動のグローバル化等、企業活動が進歩するスピードは加速度を増すだけでなく、複雑化してきている。企業は変化する市場、顧客、株主等のステイクホルダー、それに対応するべき戦略策定、管理の重要性を強く認識しなければ、企業活動の本質である「永続する（going concern）」を果たすことは難しくなる。そのためにも市場における顧客獲得および維持活動である「マーケティング活動」は、今後の不透明な時代を生き抜いていく企業活動の大きな肝となっていく。

　マーケティングは理念と行動の二つの側面を有しているが、理念はマーケティングの基本的な考え方を示すものであり、マーケティング・コンセプト（marketing concept）と呼ばれる。レビット（T. Levitt）が「社会や消費者について確実にわかっていることはただ一つ絶えず変化している、という点だ」と記すように社会からの要請、消費者ニーズは変化していることからも、それに対応すべくマーケティング活動も変化させていかなければならないのである。従ってマーケティングの実践方法は時代により変化を遂げていくことからも、

マーケティング・コンセプトも時代の流れの中で変化をしていくのである。

　加藤（1979）によればマーケティング・コンセプトは、企業経営に関する一つの基本的なフィロソフィ、姿勢、態度であり、あらゆる経営部門に関わるものである。マーケティングの基本的任務は、企業が売りたいと考える製品を何でも市場に導入することではない。企業が全組織的に持つべき市場に対する考え方の現れであり、市場、すなわち顧客が満足、価値を得られる製品を作り、利益を得ることである。つまり、組織が持っている、もしくは狙う市場に対してどのようにアプローチをかけていくかということである。

　現在でいうマーケティング活動らしきものが開始された頃、その主体は農業生産者であった。彼らは自らが生産した余剰農作物を消費者に届けることでマーケティングが終結すると考えていた。しかし、彼らがこの生産から流通に関わる一連の行動を「マーケティング」と認識していたわけでも、「マーケティング」という名称も与えられていたわけでもない。当時の彼らの関心事は、いかにして自らの手を離れるかということにあったようである。

　このように考えても、現代で捉えるマーケティングと過去のマーケティングはその内容が大きく違うことが分かる。従って、ここからはマーケティングが誕生したアメリカにおける生産段階を基に経済的推移を背景として、マーケティング・コンセプトの変遷を追うことにする。

2.　産業振興と産業遺産

　1920 年頃までのアメリカは産業革命による大量生産体制は確立されてはいたが、経済の成長、人口増加に伴う消費者ニーズや消費者購買力の増大に対して生産は追いついていない生産過少の時代であり、市場の勢力関係は売り手市場であった。つまり、需要＞供給という需要に対しての供給不足の状態であり、「モノは作れば売れる」時代であった。従って人々のニーズは「手に入れられる商品が欲しい」であり、企業目標は「いかにして生産能力を高めるか」に置かれ、生産と生産システムの向上に置かれていた。製造業者は自己製品の販売努力に注力することはほとんどなく、生産の増加に専念し、製品販売に関しては商業者に委ねていれば問題はなかった。この時代の企業にとっては生産力そ

のものが高い価値を持っていたと言える。

3.　製品志向の時代

　1920年頃までは生産過少の時代が続いたが、この時代の終わりには産業革命による生産能力の飛躍的向上が見られ生産消費均衡の時代へと入ってくる。1909年にフォード社がベルトコンベアを導入し、フォード・システム[1]の結晶とも言うべく「T型」に代表されるように、各業界において大量生産体制が整い始めたのである。大量生産システムが整い生産＝消費の生産消費均衡ないしは、追い付くようになれば、顧客は企業や製品に対する選択肢が増えることになる。顧客が製品の選択肢が増えていくことによって、企業は品質面において高性能、高機能な製品を提供しようとすることで他社との差別化を行い、競争優位性を獲得しようとするのである。

　この時代をマーケティングの製品志向の時代と言う。極端な言い方をすれば「良い製品を生産すれば顧客は受け入れる」という考え方である。現在でもこの考え方は一部では残っている。現在でも顧客は魅力ある製品であれば、手に入れるまでに何カ月、場合によっては年単位で待つことも厭わないこともある。これは生産者の製品の品質を顧客が評価しているからである。

　しかし、この時代の製品志向には「消費者のニーズ」が強く反映されていたのかと言えばそうではない。製品志向におけるマーケティングでは企業内部で得られた「製品のタネ（seeds）」をいかに製品化するかが求められる。このタネの製品化においては、消費者ニーズなどの要素は考慮されず、開発者の思いが強く反映されることになる。そうなると、品質は良くても顧客のニーズとかけ離れるという問題も発生していくのである。

4.　販売志向の時代

　1920年代に入ると生産消費均衡から生産過剰の時代へと突入してくる。ここで言う生産消費均衡とは、社会的総生産力と社会的総消費力が一致する状態のことである。生産消費が均衡したとは言え、まだ売手市場であった。市場に

商品が増えてくることで顧客も自らの需要を満たしやすくなり、単に製品の優劣や、差別化だけを強調した製品力だけで購買することは減ってきた。1910年代初頭のアメリカでは旺盛な国内外の需要に支えられていたが、1918年に第一次世界大戦が終結すると向上した生産力と反比例するがごとく海外需要の停滞によって不況に陥った。また、1929年10月24日木曜日、ニューヨーク・ウォール街で発生した株価暴落による大恐慌も相まって、国内需要も停滞し、不況にあえぐ購買力なき消費者が市中に溢れたのである。

　このような、国内外の需要減退という影響を受けながらも、一方では生産力が向上した製造業者には、広範囲な市場が求められるようになり、それまではあまり力を入れていなかった販売への努力が必要になってきたのである。こうなると、生産志向の頃のように自らは生産に専念し、販売は商業者に委ねるだけではいかなくなった。需要が供給を上回る生産過少の時代においては製造業者やそれを販売する商業者は、製造すればすぐに販売ができる、仕入れればすぐに販売ができるといった具合に、特別な販売努力をしなくても販売することができたのである。

　しかし、生産消費均衡から生産過剰な時代へと入ってくるとそうはいかなくなる。従って、製造業者は自らの製品の販売を研究し、それを実行することを迫られたのである。製造業者はもちろん、自らの製品を消費する消費者や顧客が喜び、そのニーズを満たしてくれることを望んでいる。しかし、製造業者の手元を離れたら（売れたら）、自らの手元に貨幣が入ってくるので、それでも良いとする側面が全くないとは言い切れない。特にこの販売志向の時代においてはその傾向が顕著に現れていたと言える。

　市場において供給量が需要を上回ると、販売力を強化することが必要になり、特に、広告や人的販売を中心とする高圧マーケティング（high pressure marketing）が実践されたのである。誇大広告や虚偽広告、セールスマンによる戸別訪問販売の強行など、とにかく販売するためには手段を厭わないケースも散見され、大量生産システムによって市場に導入された製品を狭隘化した市場に強引な手法を用いて売り込むようになったのである。また、大規模製造業の場合は組織内に「販売部」が組織され、商業者にさまざまな圧力をかけ、商品を押し込む押し売りまがいの行為が恒常的に行われていたのである。つまり、そ

れまでの「いかにして生産能力を高めるか」という発想から「作ったモノをいかに売り捌くか」というプロダクトアウトの発想へ転換し、製品志向から販売志向への哲理へと移行することになる。

　同時期に販売金融会社が多く設立され、販売金融が積極的に行われ、信用販売が一般化した。これは耐久消費財の販売において多く見受けられたが、一括で購入することが困難な消費者に対して「信用」を与えて割賦販売を行い、商品を強引に販売するようなケースが多く見受けられた。

　このような高圧マーケティングによる販売であっても、一定の効果はもたらされていたのだが、製品は売れるが、売るための費用がかかり過ぎる、いわば「利益なき繁栄」の状態（加藤，1979）であった。不況という外部要因も重なったが、消費者が欲するモノを提供できないという、今日のマーケティングの本質的な部分が見落とされた販売志向は限界を迎えることになるのである。

5. マーケティング志向の時代

　1930年代以降、アメリカでは供給が需要を上回る供給過剰の時代に突入し、同時に不況を経験したことも踏まえマーケティングにも大きな変化が現れることになる。それが販売志向への反省である。販売志向の段階においては製品の質的向上がもたらされていたが、あくまでも開発者の意図が強く反映された製品が開発され、市場に送り出されていたのであり、それを使用する消費者の思い、ニーズは強く反映されていなかった。加えて、不況にあえぐ消費者が市中に溢れている市場環境において、購買力のない消費者に強引に商品を販売することは不可能に近い。この点に対する反省として、生産に先立って顧客の欲求、嗜好、購買動機、購買習慣等について調査、研究し、その成果を製品として具現化し、市場に送り出すようにしたのである。製品志向や販売志向のように社会全体でモノが不足し、欠乏欲求が強い段階においては、欠乏しているニーズを見つけ出すことはさほど大きな課題ではなかった。しかし、市場にモノが溢れ、欠乏欲求が解消されるようになると、消費者のニーズを探し出すことは大きな課題となり、生産に先立って消費者ニーズを調査するマーケティング・リサーチが重視されるようになったのである。

　マーケティング・リサーチを実施することで企業が製造しようとする製品と消費者が求めている製品のギャップを埋めることができ、生産、流通におけるムダを排除する大きな役割を果たす要因として認識されたのである。つまり、市場に導入される製品に、それを求める消費者のニーズが反映されていれば、販売において多額の費用や、大きな労力をかける必要はなくなるのである。このために企業は経験と勘に頼った製品を市場に導入するのではなく、科学的な根拠を持ったマーケティング・リサーチを行い、その結果に基づいて製品計画に最大の努力を注ぐようになったのである。供給過剰となれば市場も売り手市場から買い手市場へと転化し、購買における製品選択において消費者や企業が製品を選べ、不満足な部分があれば他社へスイッチすることも可能となる。そうさせないためにも、製品計画において顧客ニーズを反映することがいかに重要か分かる。

　ただ、マーケティング・リサーチの結果、顧客ニーズを把握できたとしても、それはあくまで調査時点での顧客ニーズであり、製品化されるまでに生じるタイムラグによって、過去のニーズが製品化されていることは往々にしてあり得る。従ってマーケティング・リサーチは顧客が意識していないニーズ、すなわち潜在的ニーズも探索することを考慮しなければならないのである。このマーケティング・リサーチは単純なニーズ調査という意味ではなく、顕在化しているニーズだけでなく、いわば潜在的ニーズを探索し、それを消費者に提案していくという未来に向けての行動まで含まれているのである。消費者ニーズに応えた製品を市場に導入することはマーケティングの大きな役割ではあるが、消費者はいわば企業によって生み出される製品やサービスに自らのニーズを適合させていることも多いのである。

　アメリカ経済は第二次世界大戦や戦後に、一時的な生産過少の時代に入るが、技術革新を経て、その後は生産過剰の時代へと戻っていく。生産過剰となり販売難となった企業はマーケティングを次のように転換させたのである。

①顧客を出発点とし、生産に先立って顧客のニーズを調査する。この調査結果に基づき顧客のニーズを反映させ、競合他社との差別化された製品計画（product planning）を立案する

②製品の完成後は、多くの顧客に受け入れられるような適正価格の設定
　（price）、効果的な流通経路（place）、広告、人的販売、販売促進等、さ
　まざまなプロモーション（promotion）を行い、消費者の需要を喚起し、
　市場を獲得するための行動を取る
③顧客の手に製品が渡ってからも製品が満足を与えているのかを確かめ、
　製品の品質保証、修理サービスといったアフターサービスにも努めなけ
　ればならない

　このように、顧客を出発点として、顧客のニーズに応える一連の活動を「マーケティング志向」という。「作ったモノをいかに売り捌くか」というプロダクトアウトの発想を持つ販売志向から「売れるモノをいかにして作るのか」というマーケット・インの発想を持つマーケティング志向への転換は、マーケティングの考えを 180 度変えるものであった。マーケティングにおける究極の目標はセリング（売り込み）を不要して、消費者が指名買いをすることである。これを達成するためにこそマーケット・インの考えに基づくマーケティング活動が重要になるのである。

　マーケティング志向に立脚したマーケティング活動により高圧マーケティングから低圧マーケティング（low pressure marketing）へと転換を果たし、マーケティング・リサーチと製品計画が重視されるようになった。マーケティング・リサーチと製品計画は生産過程の外部で行われる活動であったが、これが生産過程に包摂され、マーケティングが企業の全生産計画を支配するようになったのである。

6.　社会志向の段階

　製品志向からマーケティング志向へとマーケティング・コンセプトは大転換を成したのだが、1960 年代後半から 1970 年代にかけて、企業およびマーケティングを取り巻く環境が大きく変化したのである。コンシューマリズムの台頭や各種の公害問題、石油不足、無限と思われていた資源の有限性等が社会問題化してきたのである。このような問題から企業は従来のマーケティング・リサー

チおよびマネジリアル・マーケティングを駆使することで消費者ニーズを知り、それを4P'sのフレームに当てはめ、売れる製品開発し、最大利潤獲得するといったマーケティング戦略を展開していったのであるが、それでは不十分であるという批判を受けたのである。

　このため、企業は顧客だけでなく環境的、社会的、エコロジカルな問題にいっそうの関心を高め、マーケティング活動を展開しなければならなくなったのである。これは「マーケティングの社会志向」の段階への転換を意味するものである。企業経営哲理の中心を「消費者・市民のニーズと欲求に適合した売るべきものをいかに作るか」に置き、マネジリアル・マーケティングによって展開された「いかに売れるものを作るか」ではなく、企業利益の追求と同時に消費者利益を含む社会的利益の追求もマーケティングに求め、企業の社会的責任（Corporate Social Responsibility：以下、CSR）も追及されるようになったのである。それがソーシャル・マーケティング（Social Marketing）である。つまり、ソーシャル・マーケティングとは企業と社会の関わり合いを重視するマーケティング・コンセプトである。

　アメリカにおいて1960年代後半からコンシューマリズムが台頭してきたが、実際にコンシューマリズムの基となる消費者運動は、1890年から1900年にかけて地域改革団体が誕生しており、1891年にはニューヨーク市において最初の消費者連盟が結成されている。その後、1930年代に入り消費者運動が活発に展開されるようになりコンシューマリズムが誕生した。ソーシャル・マーケティングは企業と社会の関わり合いを重視するマーケティング・コンセプトであることから、消費者連盟が結成された1891年からや、消費者運動が活発になった1930年代に誕生したということも不可能ではないが、コンシューマリズムの誕生＝ソーシャル・マーケティングの誕生と結びつけることは難しく、それの台頭や各種の公害問題など社会問題が激化して企業がパラダイムチェンジを必要とせざるを得なくなった1970年代に誕生したと考えるのが妥当であろう。

　ソーシャル・マーケティングは大きく二つの流れで説明することができる。一つは、マーケティングを営利企業独自のものとして捉えるのではなく、仮説や技法を非営利組織に応用する考え方である。マーケティングが需要創造およ

び市場獲得のための技法であることを踏まえながら、これらの概念を教会、学校、図書館、政党等の NPO/NGO の活動にも適応可能であるという考え方である。この考え方の中心的研究者はコトラー（P. Kotler）やレビー（S. J. Levy）、スタントン（W. J. Stanton）らである。NPO/NGO にもマーケティングが適応可能であると初めて発表したのが 1969 年のコトラーやレビーの論文である。すなわち彼らは、従来のマーケティングの枠を超えて「人間の必要奉仕と満足」という共通目標の追求概念としてマーケティングを見直し、そのための単なる企業の道具（tool）にとどまらず、より幅広く、しかも社会的なテクノロジーとして定着させようとするのである。マーケティングの概念を拡張し、従来から展開されてきた消費財のためのマーケティング・ツールを企業の対市場活動として捉えるのみでなく、組織体における大衆との交換も含む社会的交換ツールとしてマーケティングを展開していったのである。彼らは、マーケティングの中心に交換概念を適応しており、NPO/NGO にもマーケティングが適応可能であると主張しマーケティング拡張論を唱えている。こちらの流れのソーシャル・マーケティングは一般的にはソーシャル・マーケティング（社会的マーケティング）と呼ばれている。

　もう一つの流れは、CSR の追及である。マーケティング活動の中心は顧客・消費者を想定し展開されるものであるが、その製品やサービスによって影響を受ける社会との関係を重視するマーケティングである。つまり企業の対市場活動であるマーケティングにプロフィット・シーキングという利潤追求だけでなく、大きく CSR を課し、社会的価値追及の考え方を導入していこうという考え方である。いわゆる、従来から展開されてきた消費財取引のためのマーケティングを補足するように展開されていく考えであり、代表的研究者にレイザー（W. Lazer）とケリー（E. J. Kelley）がいる。こちらの流れのソーシャル・マーケティングはソサイエタル・マーケティング（societal marketing：社会志向的マーケティング）と呼ばれている（加藤，1979）。

　このようにマーケティング活動を実践する企業は自らを取り巻く環境や、社会からの要請によって対応すべき部分を変化させていかなければならず、それがマーケティング活動の変化として現れているのである。特に 1980 年代以降は世界的な地球環境問題に対する企業活動の責任や、消費者自身の消費生活の

社会性を考えることがクローズアップされ、企業は社会や自然環境など社会全体との調和が求められるようになった。加えて、消費者自身も自らの生活が社会的にマイナスな影響を与えていることを省みて、環境への意識などの倫理的消費を心掛けた消費行動へと行動変容をするようになったのである。その結果、企業は単に高い付加価値を持った製品を顧客に提供するだけでなく、製品やそれを購入する消費者の社会的な役割、環境への負荷等、社会全体を見渡し、社会全体の利益を考えたマーケティング活動が必要になってきたのである。

　21世紀も中盤へと向かっていこうとする現代においては、2015年に国連で開催されたサミットにおいてSDGs（Sustainable Development Goals：持続可能な開発目標）として、2030年に達成すべき17の目標が掲げられた。その中には、企業が取り組むべき目標も複数含まれている。こうした動きの中で、マーケティング活動として取り組むべき課題も与えられている。

　このように、企業の基本命題は、永続性（going concern）に置かれることと、その時代時代で変化するよう求められることに対応するように、マーケティング活動を変化させてきているのである。今日においては、SDGsの観点の基で法令を遵守し、顧客、取引先、株主、従業員、地域社会、地球環境などの企業を取り巻くステイクホルダーに対して、責任あるマーケティング活動が求められているのである。

⑴　詳しくは、ヘンリー・フォード著・豊土栄訳（2000）を参照のこと。

【参考文献】

Kelley, E. J. and W. Lazer（1967a）*Managerial Marketing: Perspectives and Viewpoints*, 3rd ed., Richard D. Irwin, Inc.（片岡一郎・村田昭治・貝瀬勝共訳『マネジリアル・マーケティング 上』，丸善，1969年）

──and W. Lazer（1967b）*Managerial Marketing: Perspectives and Viewpoints*, 3rd ed., Richard D. Irwin, Inc.（片岡一郎・村田昭治・貝瀬勝共訳『マネジリアル・マーケティング 下』，丸善，1969年）

Kotler, P. and S. J. Levy（1969）"Broadening the Concept of Marketing," *Journal of Marketing*, Vol. 33, No. 1, pp. 10-15.

──（1991）*Marketing Management*, 7th ed., Prentice-Hall.

McCarthy, E. J.（1960）*Basic Marketing*, Richard D. Irwin, Inc.

石川和男（2020）『現代マーケティング論：モノもコトも一緒に考える』，同文舘出版。

渦原実男（2020）『マーケティング哲学と流通革命』，同文舘出版。

加藤勇夫（1979）『マーケティング・アプローチ論：その展開と分析』，白桃書房。

田内幸一・村田昭治編著（1981）『現代マーケティングの基礎理論』，同文舘出版。

橋本勲（1973）『現代マーケティング論』，新評論。

ヘンリー・フォード著・豊土栄訳（2000）『ヘンリー・フォードの軌跡：20世紀の巨人産業家』，創英社。

レビット，T著・土岐坤訳（2006）『新版　マーケティングの革新：未来戦略の新視点』，ダイヤモンド社。

第7章 マーケティングと環境問題・社会との関わり

岡田　一範

1. 環境問題とは

　環境問題と企業活動やマーケティングとの関わり方は、近年になってクローズアップされたものではなく、100年以上の歴史を持つものである。古代ギリシャ時代には環境破壊が発生したという記録や、古代エジプト文明の時代には飢餓による食糧問題が発生したという記録が残っている（吉村, 2015）。このように歴史の深い環境問題であるが、14世紀のイギリスにおいて工業の発展による石炭使用の増加で空気が汚染され、1306年にはそれが公害と認定され、炉で石炭を焚くことが禁止となった。その後、時代は進み1700年代半ばから1800年代にかけて起こったヨーロッパの産業革命により、石炭使用量のさらなる増加により、大気汚染は深刻化の一途をたどった。

　工業の発展や産業革命による環境問題は、企業活動が主要因と捉えることができ、特にヨーロッパ諸国の国土の狭い国から工業化の進展と共に激化していった。ただ、同様にアメリカ、カナダ、オーストラリアなどでも工業化、大量生産体制は整っていったのだが、国土の広さもあり、これらの国では1960年代まで大きな環境問題とはならなかったのである。

　日本の公害、環境問題に目を向けると意識が高まった二つの時代がある。一つ目は、第二次世界大戦後に復興のために工業化が進んだ1950年代から60年代にかけて日本各地で発生した4大公害に代表される産業公害である。復興を

最優先して工業化を進めたことで大量生産、大量消費、大量廃棄というシステムが形成され、その結果として特定地域において公害が発生したのである。一例をあげるなら三重県四日市のコンビナートを発生源とする四日市ぜんそくである。四日市ぜんそくは、四日市市で四日市第一コンビナートが操業したことにより排出された硫黄酸化物（SOx）や窒素酸化物（NOx）などによる大気汚染に起因するものである。発生源が三重県四日市市の石油コンビナートからであり、その周辺住民がぜんそくになるという構図となっており、その被害が 40km ほど離れた名古屋市まで広がるということはなかった。公害の場合は、被害が及ぶ範囲、規模、発生源の特定が可能であり、汚染の発生段階は製造段階に集中していることが特色である。

　この公害問題への対策として取られたのは法規制である。1967 年「公害対策基本法」、1968 年「大気汚染防止法」、1970 年「水質汚濁防止法」等、公害問題に対応する法律が次々に作られ、この法規制を守れない場合は企業活動を止めさせることが可能となった。そのために企業は技術革新を持って、公害問題ならびに法規制へと対応したことで、公害防止型ビジネスが活発化した。そのような企業努力もあり、10 年程度で収束させることができた。

　二つ目は、1980 年代の地球規模での環境問題の深刻化を経て危機意識が高まった 1990 年代以降である。特定地域の公害とは異なり、地球温暖化、酸性雨、砂漠化、オゾン層の破壊、ゴミ問題等、極めて多岐にわたり、その範囲や被害は地球規模へと拡大している。その汚染源は大量生産・大量消費・大量廃棄といった経済システム、気候変動、人間の活動そのものといったように、不特定多数の発生源に起因している。加えて、公害問題とは異なり発生段階も生産・流通・消費・廃棄の全段階から発生している。従って公害問題のように法規制をかけることでの技術革新では抜本的な解決策にはならず、大量生産・大量消費・大量廃棄の社会経済システム、生活パターンの見直しが求められ、一人ひとりの「価値観」の変革による対応が必要になると考えられる（西尾, 1999）。

　表 7-1 は公害問題と環境問題の比較を表している。公害問題とは特定地域の特定産業から発したものであることからも、その構図や対処方法が明確であった。一方で、環境問題とは規模も関連する産業も広範囲に広まっており、公害問題の対応策で効果を発した法的規制では対応することが困難である。

表7-1　公害問題と環境問題の比較

	公害問題	環境問題
規　　　模	地域限定的	地球規模
発　　　端	国内からの告発	欧米諸国からの告発
産業別影響	特定産業に集中	広範囲な産業
期　　　間	短期集中的	永続的

出所：筆者作成。

従って広い視点で問題を捉え、すべての産業が環境問題に取り組む姿勢といった生活パターンの抜本的な見直しが求められるのである。

　環境問題に対応していくためには、社会経済システムの抜本的な見直し、消費者の価値観を変容させていかなければならず、資源循環型の社会経済システムへの転換が求められる。資源循環型社会経済システムとは、2000年に制定された「循環型社会形成推進基本法」では、第1に製品等が廃棄物等となることを抑制し、第2に排出された廃棄物等についてはできるだけ資源として適正に利用し、最後にどうしても利用できないものは適正に処分することが徹底されることにより実現される「天然資源の消費が抑制され、環境への負荷ができる限り低減された社会」と定義づけられる[1]。

　このように定義づけられると、資源循環型社会経済システムとは大量生産された製品を大量にリサイクルするように思われるがそうではない。資源の循環を念頭に置き、3R（Reduce, Reuse, Recycle）を基本としたシステムなのである。資源循環型社会経済システムとは、環境への負荷をできる限り少なくし、循環を基調とする社会経済システムであり、具体的には資材調達・製造・流通・廃棄などの社会経済活動の全段階を通じて、資源やエネルギー面で循環・効率化を進め、不要物の発生抑制や適正な処理を図る等、物資面での循環を可能にするシステムである（西尾, 1999）。つまり、生産から消費そして廃棄に至るまでのすべての段階で発生する不要物をできる限り減少させることである。そして、廃棄したものを回収し、それを資源として活用することも必要となるが、この資源循環型社会を形成していくために、マーケティングとして越えていかなければならない課題は山積しているのである。

2. ソーシャル・マーケティングから
エコロジカル・マーケティングへの転換

　マーケティング活動において社会との関わりが重視されるようになったのには二つの段階がある。一つ目の段階は、1970年代に誕生したソーシャル・マーケティングの段階である。当時のアメリカでは、カウンター・カルチャー運動や反戦運動や公民権運動など、産業社会のあり方そのものを問い正すような動きが起きており、企業へのさまざまな疑問がCSRという形で議論され、1960年代後半以降、企業およびマーケティングを取り巻く環境が大きく変化した。CSRに取り組む企業の考え方は多様であるが、エルキントン（Elkington, J.）が提唱した「トリプル・ボトムライン」は、基本的な考え方として重視されるべきものである。

　図7-1に示したトリプル・ボトムラインでは、企業の事業活動において、①経済面（営利企業としてあるべき利潤追求、株主への配当も含めた利益配分の在り方）だけでなく、②環境面（環境経営、環境配慮製品の開発）、③社会面（人権問題、製品の安全性、従業員の福利厚生等）の三つに配慮し、自然環境や社会の持続可能性（sustainability）を高める経営を行うべきとすべきものである。

　営利企業の本質は利潤追求であるが、そのために法令を遵守し、得た利潤を株主に配当することで企業の地位を高めてきた。しかし、ステイクホルダーに対する社会的利益の追求をマーケティングに求め、企業に対しての社会的責任をも追及するようになったのである。つまり、最大限な成長を求めて巨大化する企業マーケティングの影響力に対し、社会的責任を強調する考え方である。加藤（1982）は、早い段階から企業と社会との関わりをマーケティング活動において実践することの重要性に着目し「企業は社会における一市民としての集団、つまり社会的存在者であるから、企業のマーケティング・マネジメントや最高責任者は、ただ単に顧客の満足や消費者の福祉だけではなく、地域・社会的集団のメンバーの福祉、消費者、市民（consumer-citizen）の福祉に奉仕し、さらに進んで全体社会、ひいては生態学的全体の是認を受けるような方法でマーケティング諸活動を行い、経営する責任を有する」とマーケティング活動

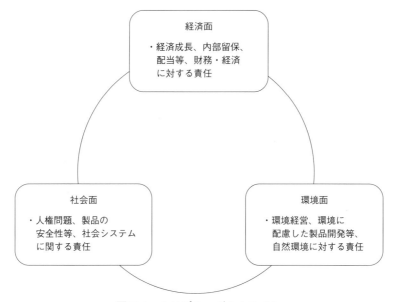

経済面

・経済成長、内部留保、
　配当等、財務・経済
　に対する責任

社会面

・人権問題、製品の
　安全性等、社会システム
　に関する責任

環境面

・環境経営、環境に
　配慮した製品開発等、
　自然環境に対する責任

図 7-1　トリプル・ボトムライン

出所：Elkington（1999）を参考に筆者作成。

において社会、生態学にも目を向けることの重要性を指摘している。

　営利企業は利潤を追求する組織体であるが、それだけでなく企業活動は社会
的な規範でなければならず、企業と社会の関わりを重視するソーシャル・マー
ケティングが主張されるようになったのである。特にソーシャル・マーケティ
ングの段階では公害の問題が大きくクローズアップされ、公害問題に対する
マーケティング活動の在り方が注目された。この延長線上にマーケティングと
環境問題の関わりを重視するコンセプトとしてエコロジカル・マーケティング
が位置づけられる。

　エコロジカル・マーケティングは、従来のマーケティングに環境問題を取り
組む体形であるので、マーケティングが社会的に成熟した段階において、エコ
ロジカル・マーケティングは必要なくなると考えられる。つまり将来のマーケ
ティングは、環境問題を十分に考慮した、社会性のある消費者志向の活動体系
になるからである。

3. エコロジカル・マーケティングの骨格

　環境問題に対応するマーケティングは、エコロジカル・マーケティング（ecological marketing）、グリーン・マーケティング（green marketing）、サスティナブル・マーケティング（sustainable marketing）等とも呼ばれ、大量生産・技術に対応したそれまでのマーケティングを見直し、環境問題と環境保全を重視し、最優先することを志向するマーケティングの研究と実践の努力を総称している（大江，2001）。多様な表現がある中でエコロジカル・マーケティングを選択した理由は、エコロジーという用語の意味を捉えた場合にわれわれの生活および地球環境に一番密接している用語であると考えたからである。エコロジー（ecology）という用語は、ギリシャ語の oikos と logos に由来し、それぞれ「家」「住む場所」と「学問」を意味している。われわれが住んでいる地球は大きく言えば、われわれの家のことを指し、われわれが住んでいる場所の学問のことをエコロジーという言葉が意味していることを考慮した結果、環境（environment）等の用語よりも地球における環境問題に関する学問という視点からマーケティングを捉える場合にエコロジーという言葉が適当ではないかと考えたからである。

　K. ピーティ（K. Peattie, 1993）は、グリーン・マーケティングという表現を用いて、環境問題に対するマーケティングを「顧客や社会の要求を、利益を得ると同時に持続可能な方法で確認し、予測し、満足させることに責任を持つ全体的（ホリスティック）なマネジメント・プロセスである」と定義している。

　つまり、いかに環境問題に対するマーケティング活動であるとは言え、企業としての本質を失ってはいけないということである。従って、エコロジカル・マーケティングにおいても従来のマーケティングと同様に E. J. マッカーシーが提唱した 4P's 理論が骨格となり、製品を企画、生産、流通、販売する一連の工程を構成する基本的な諸活動は変わらない。ただ、エコロジカル・マーケティングでは利潤追求と環境対応の両輪に取り組んでいかなければならない。しかも、環境問題への取り組みが単なる費用としか認識されなければ、最終的には価格転嫁された製品を消費者が負担することとなり、これではエコロジカ

ル・マーケティングということはできない。マーケティングが持つ経済的な側面と、環境問題への対応という社会的な側面との、相反するものの融合という大きな課題があるのである。

　これまでのマーケティングにおける分析の中心は消費者行動にあったが、環境問題に対して効果的なアプローチを検討すること、それに加えてそこに積極的に資源の投入をしていかなければならない（Belz and Peattie, 2009）。さらには、消費者のニーズを満たす要素を発見し、それを製品化することが求められる。そのような製品は一般的に高価格化する可能性を持っている。しかし、それが単なる高価格製品ではなく、環境配慮するための技術革新の結果として適正価格であることを消費者にアピールする教育的活動も含めたプロモーション戦略が求められる。

　環境負荷の少ない製品を開発できたとしてもそれが消費者に認知されなければ、いくら有益な製品であったとしても意味を成さず、その製品で市場を獲得するためのマーケティング・ツールの活用が必要となる。営利企業は環境保護を目的として企業活動を行っているわけではなく、利潤追求を目的としているのである。その利潤追求をしていくために、企業内外の環境変化に適応していかなければならず、近年では環境問題の対応も求められるようになったと言うことである。

　マーケティングを実践する企業の根底には、売上至上主義、利益至上主義が存在することは否めないし、利益は少ないほうが良いというものでもないはずである。激化する国際競争の中で存続し、常に新しいノウハウと付加価値を創造するための必要費用と、資本に対する妥当な還元を確保するための適正利潤については、公正にそのポジションが与えられ認容されなければならない（久威, 1976）。

　エコロジカル・マーケティングにおいても、マーケティングである以上、利潤を否定するのではない。利潤をあげ経済成長することは必要なのであるが、その利潤追求の方法が重要なのである。つまり、最大限の経済成長ではなく持続可能性（Sustainability）を含んだ発展である。持続可能性とは後世のニーズに適合させる能力を備えつつ、現在のニーズにも妥協することなく適合させることを指すのである（Ottman, 1998）。

4.　資源循環型社会経済システムの構築に向けて

　先述したように環境問題が発生した原因は多岐にわたっているが、企業活動も含めた人間活動が環境に対して必要以上の負荷を与え、それを自然が吸収できなくなったことで、環境問題が発生していることは事実である。この発生させたマイナス面に対して責任を持ち、プラスマイナスゼロの状況まで持って行くことは、企業が社会において果たすべき責任の一端である。特に環境問題は、今後の世界が取り組んでいかなければならない大きな課題である。

　ピーティ（1993）は、エコロジカル・マーケティングとの基本的な行動原理として社会的責任、ホーリズム、持続可能性の三つを掲げ、具体的な特徴は以下のように表わしている。

　　・長期視点というよりむしろ将来無限に続くということ
　　・自然環境により強く焦点を当てる
　　・環境を社会にとって有用なものという程度をはるかに超えた高いレベル
　　　での本質的な価値として取り扱う
　　・特定の社会というよりは地球的な問題として焦点を当てる

　この今後もずっと続く課題に取り組むにあたっては、大量生産、大量消費、大量廃棄といった、いわゆる「使い捨て」の時代からの脱却を目指し、日本では当時の環境庁（現、環境省）が発表した資源循環型社会経済システムの構築が求められる。西尾（1999）によると、資源循環型社会経済システムとは環境への負荷をできる限り少なくし、循環を基調とする社会経済システムであり、具体的には資材調達・製造・流通・廃棄などの社会経済活動の全段階を通じて、資源やエネルギー面で循環・効率化を進め、不要物の発生抑制や適正な処理を図る等、物資面での循環を可能にするシステムである。つまり、生産から消費、廃棄に至るすべての段階で発生する不要物をできる限り減少させ、廃棄したものを回収し、それを資源として活用することも必要となる。捨てられたら終わりではなく、捨てることから始まりとなることもある。このようなチャネルは

「リサイクル・チャネル」や「バックワード・チャネル」と呼ばれ、インフラの整備も急速に求められている。

　このバックワード・チャネルの構築には一社だけの活動では限界があるので、資源循環型社会経済システムを構築するためにはサプライ・チェーン・マネジメント（Supply Chain Management：SCM）が大きな意義を持ってくる。環境問題に積極的に取り組んでいるパタゴニア・インターナショナル・インク（以下、パタゴニア（本社：米国））は、完全循環型リサイクルが可能な防水透湿性ジャケットの開発に際し、帝人ファイバー（現：帝人フロンティア（本社：大阪））のリサイクルポリエステルと、東レ（本社：東京）のナイロン 6 を採用し、リサイクルのプロセスにも両社のケミカルリサイクル技術を用いている。加えて、パタゴニアの店頭で回収した製品を帝人フロンティアの工場でポリエステル原料へと再製品化し、再びパタゴニアで製品を製造するという循環を構築している。このように資源循環型社会経済システムの構築のためには SCM に携わる企業間での戦略目標の共有が必要になってくるのである。

5. 社会的責任のマーケティングから 社会貢献のマーケティングへ

　これからの時代において環境問題に対応していくためには、企業として求められることに変わりなく、マーケティング活動というツールを活用している。この流れは言わば CSR を果たしていくためのマーケティング活動である。石川（2020）によれば CSR とは、企業が活動することによって発生するマイナス面をプラスマイナスゼロの状態に戻すことである。ただ、これからの時代は CSR を果たすだけ、コンプライアンスを守るだけでは、社会から高く評価されず、社会貢献のマーケティングが求められるようになる。社会貢献のマーケティングとは、企業が存在する意義についてゼロからプラス部分を増やしていこうとするものである。この CSR から社会貢献へ移行していくことは、企業の在り方を高次化していくことを示している。

　企業の社会貢献活動の代表的なものが、フィランソロピー（philanthropy）とメセナ（mécénat）である。フィランソロピーとは、人類愛を意味し、個人

や企業の見返りを求めない経済的支援である。アメリカにおいてフィランソロ
ピーは、主に営利企業に対する寄付の意味で使用され、① NPO や財団など公
益目的で活動を行う主体への寄付、②自主的プログラムの企画・運営、③ボラ
ンティア休暇制度やマッチング・ギフト制度などを通じ、従業員個人のフィラ
ンソロピー活動の支援、④助成や公益事業を行う財団設立、に区分できる（宮
田，2003）。

　他方、メセナは芸術文化の擁護・支援を意味するものである。古代ローマ帝
国のアウグストゥスに仕えていたマエケナスが私人や芸術家を手厚く擁護・支
援したことから、芸術や文化の擁護・支援をメセナと呼ぶようになった。企業
におけるメセナは、企業のイメージアップ・企業文化の改善・社内での連帯感
や顧客との新たなコミュニケーションなど、長期的かつ間接的なメリットを求
める色彩が強い。

　ただ英語圏における芸術文化支援はスポンサーを使用する。メセナは基本的
に見返りを期待しない芸術文化の支援であるが、スポンサーシップは知名度向
上や商品の販売量増加を期待する本業への副次的効果を期待した資金援助の色
彩が強い（石川，2020）。

　社会貢献の表現方法の一つとしてフィランソロピーやメセナのように、得た
利益に関しても見返りを求めない寄付という形で社会に還元していくこともあ
る。その方向性の一つにコーズ・リレイテッド・マーケティング（Cause
Related Marketing）がある。近年の諸外国では巨額の富を得た個人が多額の寄
付をするというニュースを目にすることが多い。寄付をすれば税金対策になり、
結果として企業のイメージアップにつながるという単純な発想ではなく、非常
に細かく自らのお金をどのように使えば社会が変えられるのかを考慮してい
る。

　コーズは「大義」を意味し、特定の社会課題を指す場合が多い。そこで企業
がその収益の一部を自身が社会課題と考える課題に取り組むNPO に寄付する、
あるいは売上にかかわらず、さまざまな活動に支援する両方の活動を含めて
コーズ・リレイテッド・マーケティングという（石川，2020）。企業は利益を追
求する組織体であるが、社会的解決をしなければならない課題にも目を向けて
おり、双方が重なる部分でコーズ・リレイテッド・マーケティングが誕生した。

図 7-2　持続可能な開発目標

出所：外務省 HP　2021 年 11 月 9 日閲覧。

　上述した活動に加えて、今後の社会貢献のマーケティングにおいて重要となる課題は、持続可能な開発目標（SDGs）である。ソーシャル・マーケティングやエコロジカル・マーケティングの時代からも持続可能性については指摘されてきたが、2015 年 9 月の国連サミットで採択された「持続可能な開発のための 2030 アジェンダ」に記載され、その中核に SDGs が置かれたことで、今後のマーケティング活動において持続可能への意識が飛躍的に高まったと言える。

　図 7-2 に示したように SDGs は 17 の目標を達成するために必要な具体的目標が、おのおの 5〜10 程度、全部で 169 設定され、地球上の「誰一人取り残さない（leave no one behind）」ために動いている[2]。

　SDGs に取り組む上でマーケティングの力は欠かすことができない。SDGs は国内外問わず、地球上すべての人々が何らかの形で関わる課題が示されている。このことからも、既存のマーケティング活動の中で SDGs の指標と重なるものは何かを検討し、それを可視化してマーケティング活動に生かし、ステイクホルダーにメッセージとして発信する。この意識を持って企業活動に取り組むことが、今後はより求められるものになる。

(1)　詳細に関しては環境省『環境型社会白書』平成 15 年版を参照のこと。
(2)　SDGs の詳細は外務省 HP（https://www.mofa.go.jp/mofaj/gaiko/oda/sdgs/about/index. html）を参考のこと。2021 年 11 月 9 日閲覧。

【参考文献】

Belz, F.-M. and K. Peattie（2009）*Sustainability Marketing: A Global Perspective*, John Wiley & Sons Ltd.

Elkington, J.（1999）*Cannibals with Forks: The Triple Bottom Line of 21st Century Business*, Oxford: Capstone.

McCarthy, E. J.（1960）*Basic Marketing*, Richard D. Irwin, Inc.

Ottman, Jacquelyn A.（1998）*Green Marketing: Opportunity for Innovation*, 2nd, ed., NTC Business Books.

石川和男（2020）『現代マーケティング論：モノもコトも一緒に考える』, 同文館出版。

大江宏（2001）「環境マーケティングの現在とこれから」, 同友館編『企業診断』, 第 48 巻, 第 9 号（2001 年 9 月号）, 18-25 頁。

加藤勇夫（1982）『マーケティング・アプローチ論：その展開と分析　増補版』, 白桃書房。

西尾チヅル（1999）『エコロジカル・マーケティングの構図』, 有斐閣。

ピーティ, K 著・三上富三郎監訳（1993）『体系グリーン・マーケティング』, 同友館。

久威智（1976）「ソーシャル・リレーションズの開発」, 村田昭治編著『ソーシャル・マーケティングの構図：企業と社会の交渉』, 税務経理協会, 35-53 頁。

宮田安彦（2003）「企業の社会的責任」, 林昇一・高橋宏幸編『戦略経営ハンドブック』, 中央経済社。

吉村作治（2015）「古代エジプト文明と現代の環境問題」, 『東日本国際大学福祉環境学部研究紀要』, 第 11 巻, 第 1 号, 75-85 頁。

第2部
実践編

第8章

地場産業の振興における
政策形成

堀　彰穂・井上　和久

1. はじめに

　日本における企業の多くは小規模事業者である。これらの事業者が集中立地し、産業を行っている地域が全国各地に存在する。地域で生産される消費財は、地域の「特産品」として市場に流通し、また、地域ブランドとして商品やサービスに付加価値を与えている。こうした産業は「地場産業」と呼ばれ、地域経済の要として機能している。近年では、政府が掲げる「地方創生」においても、地域産業の振興と地域活性化を結びつけた交付金メニューが数多く用意され、地場産業を核とするさまざまな取り組みが活発に行われている。

　「地場産業」の定義について、山崎（1977）によれば、必ずしも明確な定義はないとしている。また、下平尾（1985）は、「自然環境の優位性や原料資源の存在、豊富な労働力や特殊な技術、さらに有力な商人の存在を条件として産地を形成している中小企業」と定義している。行政における位置づけは、1980年の中小企業庁による通知である「地場産業実態調査等事業実施要領」があげられる。この要領では、地場産業は「⑴地元資本をベースとする中小企業が一定の地域（おおむね県内）に集積していること、⑵地域内に産出する物産等を主原料とし、または蓄積された経営資源（技術、労働力、資本等）を活用し、他地域から原材料を移入して加工を行っていること、⑶その製品の販路として、地域内需要のみならず地域外需要をも指向していること」としている。現在に

おいても、愛知県や静岡県、和歌山県では、この要領における定義に該当する産業を地場産業としている。また、中小企業庁が実施する「地場産業等活力強化事業費補助金」では、「歴史、風土、経営資源等により地域に根ざした中小企業群であること」が地場産業の条件とされており、この条件を定義の一つとしている自治体（栃木県、新潟県、岐阜県、滋賀県、京都府など）もある。

　本章では、「ガラス」に関係する地場産業の振興について検討を行う。20世紀以降、自動ガラス吹き機がアメリカで開発されたことによって、ガラスの大量生産が可能になり、ガラス産業は急速に発展した。また、近年ではガラス工芸品が、地域の特産品としても人気を博しているほか、工場のオープンファクトリーや、販売店なども、観光資源として注目が集まっている。

　以上を踏まえ、まず、ガラスを巡る背景として、地場産業における取り組みを整理する。さらに事例として、富山市におけるガラス振興と政策形成を取り上げ、考察を行った。なお、本章では、工業・建材等に関連するいわゆる産業ガラスについては取り上げず、ブロー成形による伝統工芸としてのガラスを中心に検討を行う。

2.　地場産業におけるガラス工芸の展開

　ガラス製品は、食器や瓶、窓や装飾具といった建材など、日常生活と密接に関係している。しかし、現在、地域におけるガラス産業の多くは、成熟期または衰退期を迎えているとされる。戦後、日本を代表する多くのガラス生産地においては、食器や電球、医療器具など多様な製品を生産してきた。しかし、地域におけるガラス産業は、1970年代以降、オイルショックによる燃料価格の高騰や、海外製品との競合、プラスチック製品の普及により、衰退している。

　こうしたなか、地域において生産されてきたガラス産業や文化を見直す動きも見られる。例えば、経済産業省では、工芸品に対して経済産業大臣による「伝統的工芸品」の指定を行っている。ガラスに関係するものとして「江戸切子」や「江戸硝子」などが登録されている。

　さらに、工業商品としてのガラスから、工芸としてのガラスへとシフトする動きが多くみられる。沖縄県の「琉球ガラス」に関する取り組みでは、伝統的

に各製造所の名前を商品名に付与していたが、1985年に琉球ガラス工芸協業組合を組織して以降は、統一した名称として「琉球ガラス」の呼称を用いている。これらについて、伊波（1986）は、琉球ガラスの成り立ちと経営課題について触れている。そのほか、北海道小樽市において、ガラスの浮き輪（漁具）を製作していた企業が工芸品製作へと転向したものなども知られる。

　こうした潮流は、中小企業による取り組みに限らない。今日において、高い意匠性を有するガラス製品を創る動きは、日本精工硝子（1895年創業）やHARIO（1921年創業）などにおいても見られる。日本精工硝子では、歴史的に化粧品容器を受注してきた技術から、ジャムやオイルなどの高級食材の容器を製作する事業に主軸を移している。さらに、HARIOは、理科学用硝子器具やサイフォン式コーヒー等のメーカーとして知られるが、2010年代以降、「フタがガラスのご飯釜」「フィルターインボトル」などの家庭用製品に加え、「HARIOランプワークファクトリー」と呼ばれる事業展開を開始し、アクセサリーの製作も行っている。

3. 富山市におけるガラス産業の振興

⑴　富山市におけるガラス産業の経緯

　富山市では、ガラスを地場産業として位置づけ、産業活性化に向けた多様な施策が展開されてきた。歴史的に富山市は薬で知られ、その周辺産業としてガラス製薬瓶が数多く生産されてきた。このことについて、富山市によれば、「明治・大正期には、ガラスの薬瓶の製造が盛んに行われており、戦前は富山駅周辺を中心に溶解炉をもつガラス工場が10社以上あった」と指摘されている。しかし、戦後には、高密度ポリエチレンやポリプロピレンなど、新たなプラスチック素材の発明が進み、耐薬品性や耐熱性が向上した素材が登場した。これらの素材を使った容器は、軽量さや大量生産が可能であったため、次第に薬品の容器としてプラスチックが採用されるようになり、富山市におけるガラス産業は次第に衰退傾向となったとされる。

　こうしたなかで、富山市ではガラスを地域資源として改めて評価し、ガラス

表 8-1　富山市におけるガラスに関する主な取り組み

年	事　項
1985	富山市民大学ガラス工芸コース開講
1991	「富山ガラス造形研究所」開校
1994	「富山ガラス工房」開設
1996	「ガラスの街づくり事業」開始
1998	「ガラスの里基本構想」策定
2001	「ガラス美術館基本構想」策定
2004	「富山ガラス工房」増築
2009	「富山市ガラスの街づくりプラン」策定
2012	「第二ガラス工房」設置
2014	「まちなかミニ工房」設置
2015	「富山市ガラス美術館」開業
2016	「ガラス作家育成定着支援助成」開始
2018	「富山ガラス大賞展 2018」開催
2021	「富山ガラス大賞展 2021」開催

出所：富山市公開資料をもとに筆者作成。

関連事業を市の重要施策として位置づけ、ガラス工芸の振興に関する施策の実施や、施設の設立を展開している。主な取り組みについて**表 8-1** として示す。

(2)　ガラス産業の振興に関わる施設整備・活用

　1985 年に開講した「富山市民大学ガラス工芸コース」では、市民に対し、ガラスの創作や技法を教え、ガラス工芸に対する啓発や普及活動を行った。この市民大学を契機に、富山市ではガラス関連事業を多数展開している。1995 年には、全国で唯一となる公立のガラスアートを扱う専門学校として「富山ガラス造形研究所（**図 8-1**）」を設置している。

　1994 年 4 月には「富山ガラス工房」（**図 8-2**）を設置した。本施設の設置目的は、富山ガラス工房条例によれば、「人材の育成及び自立の支援並びにガラス工芸に関する知識の普及啓発を図り、もって本市のガラス工芸産業の振興に資する」こととされており、人材育成や作家の創出によって、ガラス工芸産業の振興を行うことが目的となっている。

図 8-1　富山ガラス造形研究所の外観

出所：筆者撮影。

図 8-2　富山ガラス工房の外観・様子

出所：筆者撮影。

　また、本施設では、ガラス工芸による地域産業化を目的として新たな地域ブランドの確立を目指し、2001 年に「越翡翠硝子」、2007 年に「越碧硝子」、2020 年には「越琥珀硝子」という独自のガラス素材を開発した。「越碧硝子」は、地元の富山大学と共同開発したもので、学内の実験等によって排出される産業廃棄物のコバルトを再利用している。「越琥珀硝子」は、可燃ごみの焼却後の灰を約 1,300℃以上の高温で溶融し生成される人工砂を再利用した素材である。この素材は、2009 年より富山市の事業として研究開発が進められ、富山市が主体となって、環境負荷の少ないガラス素材の新たな可能性を模索した取り組みと評価できるだろう。

　他方で、観光客向けの取り組みとして、吹きガラスやペーパーウエイト、手

図 8-3　富山市ガラス美術館の外観・様子
出所：筆者撮影。

図 8-4　美術館内に併設された図書館
出所：筆者撮影。

型・足型サンドキャスト作成などの体験も盛んに実施されている。加えて、富山市ガラス美術館と富山ガラス工房を結ぶ無料バス運行するなど、観光客の周遊に向けた取り組みを行っている。また、観光客の消費行動を高めるため、富山市ガラス美術館の来館者と富山ガラス工房への来訪客へ、相互の施設にて使用できる割引券の配布サービスも実施している。

　2015 年 8 月には、現代ガラス美術を中心とする美術品や工芸品を展示し、また美術に関する情報や資料を収集、保管、展示することを目的に、「富山市ガラス美術館」（**図 8-3**）が設置された。本施設の設置目的は、富山市ガラス美術館条例によれば「美術に関する知識の普及及び教養の向上並びにまちなかの賑わい創出に寄与する」こととされており、美術作品による教育的な側面をも

つ施設である。また、本施設は建築家の隈研吾が設計した特徴的・独創的な意匠を有する建造物であり、若者を中心としてSNSへの投稿が数多く見られるほか、観光ガイドブックにも掲載されるなど、「ガラスの街とやま」を印象づけるトレードマークとなっている。

　さらに、図書館（**図8-4**）やミュージアムショップ、カフェなども同居する複合施設として機能しており、観光客のみならず地域住民の利用も多い状況にあった。特に、ミュージアムショップで販売されているオリジナルグッズは種類が多くあり、集客効果だけでなく、観光客への消費行動にも効果を上げている。2018年には、富山市が主催のグラスアートの国際公募展（富山ガラス大賞展）をトリエンナーレ方式で実施しており、世界的にも「富山のガラス」に対する認知度が高まっていると考えられる。

⑶　事業計画の策定による振興

　富山市におけるガラス関連事業や計画には「ガラスの里基本構想」「ガラス美術館基本構想」「富山市ガラスの街づくりプラン」がある。まず、「ガラスの街づくり事業」は1996年に実施された事業である。本事業では、市内にミニケースギャラリーの設置を進めるほか、街中にガラスアートを多数展示することで、市民へのガラス工芸に対する親しみを高める取り組みを行っている。また、1996年9月には、富山市芸術文化ホールにガラスのオブジェを8点設置している。

　1998年に策定した「ガラスの里基本構想」では、ガラス工房の拡充や中心市街地におけるストリートミュージアム、富山市が所蔵するガラス作品を展示する「トヤマグラスアートギャラリー」の整備、ガラスに関する展覧会やイベントの開催を実施している。

　2009年には、この「ガラスの里基本構想」と富山市ガラス美術館の整備につなげた「ガラス美術館基本構想」を一体化し、「富山市ガラスの街づくりプラン」を策定した。本計画では、ガラス造形研究所とガラス工房の役割として「①人材の育成」「②産業化の推進」「③作家への独立・定着支援」「④人材交流の促進」「⑤市民・観光客への啓発普及」を掲げている。

　他方で、ガラス美術館は、「ガラスの街とやま」をテーマに「①新しい地域文化を市民や富山の作家と共に醸成すること」「②国際的なガラス芸術の拠点としての地位を確立すること」「③芸術・文化の発展・普及を促すこと」としている。これらの役割では、観光客を呼び込む施設としての役割よりも、市民や作家に対する普及や啓発を目的にしていることがわかる。

　さらに本計画では、ガラス美術館内に、「多くの来館者が集う憩いの場所を想定し、入館料を徴収しない無料空間」としてホールや情報ライブラリー、ミュージアムショップ、実技講座室を設けることとしている。このことは、美術館について、入館料収入に基づく運営を重視するのではなく、人々の知識の普及や交流に着目していることが指摘できる。

4.　考察

　地域において、地場産業の継続は経済・雇用のみならず、地域文化という視点から重要性が高まっている。近年では、文化創造都市のように産業を含めて地域文化として位置づけ、地域の発展に結びつける動きも見られる。他方で、多くの地場産業において、加速度的に職人の高齢化が進んでおり、このままでは喪失する技術も出現する可能性が高いことが指摘できる。

　富山市における事例では、市が主体となって施設整備事業と計画策定の二つの側面によりガラス工芸を振興していた。その契機となったものが 1985 年の「富山市民大学ガラス工芸コース」の開講である。これらの取り組みは、ガラスに関連する人材育成や市民に対する啓発を主眼としている。そして、「ガラスの街とやま」を目標に、人材育成と施設整備により、地域の住民と文化を結びつけ、街全体でガラス工芸を振興している。富山市の事業計画により、富山ガラス造形研究所と富山ガラス工房を活用して、人材の育成、ガラス工芸の産業化を進め、富山市におけるガラス工芸の活性化に結びついている。さらに、富山市ガラス美術館では、産業化を進めたガラス工芸を展示する機会を創出することで、ガラス工芸の普及にも貢献が見られた。

　また、文化の醸成だけではなく、観光振興としても、地域経済の発展に向けた取り組みも行われている。それはガラス体験にとどまらず、市街部における

ギャラリー整備やクラフトショップ、富山市ガラス美術館の特徴的な意匠によって、地域を象徴する景観の形成を行うなど、地域全体がガラス工芸の街として成立していると言えよう。すなわち、地域知や文化知の継承としても捉えることができ、伝統工芸の技術継承という側面のみならず、多様な価値が形成されていると考えられる。

【参考文献】

伊波盛伸（1986）「沖縄の紅型と琉球ガラスの経営問題」, 『沖大経済論叢』, 第 10 巻, 第 1-2 号, 27-54 頁。

下平尾勲（1985）『現代地場産業論』, 新評論, 197 頁。

富山ガラス工房「富山曼荼羅彩」（最終閲覧日 2022 年 2 月 11 日）
　　https://toyama-garasukobo.jp/toyama-mandara/panf.pdf

富山市「ガラスの街とやま」歴史リーフレット「富山市とガラスの出逢い　そしてガラス美術館へ。」（最終閲覧日 2022 年 2 月 11 日）
　　https://www.city.toyama.toyama.jp/data/open/cnt/3/15972/1/History_of_Toyama_city_of_Glass.pdf

富山市「富山市ガラスの街づくりプラン」（最終閲覧日 2022 年 2 月 11 日）
　　https://www.city.toyama.toyama.jp/data/open/cnt/3/15972/1/master_plan.pdf

山崎充（1977）『日本の地場産業』, ダイヤモンド社, 4 頁。

本章は、以下の論文をもとに加筆、修正したものである。

堀彰穂・井上和久（2022）「地場産業の振興における政策形成に関する一考察―富山市におけるガラス振興を事例に」, 『文理シナジー』, 第 26 巻, 第 1 号, 77-82 頁。

第9章
産業遺産の
観光資源化に関する展開

井上　和久・堀　彰穂

1. はじめに

　多くの自治体において、観光資源は大きな経済効果を生み出すことから、戦略的な位置づけがされるようになっている。観光による経済波及効果や雇用誘発効果への期待は高い。さらに、旅行消費に関係する宿泊・小売・運輸などのみならず、ものづくり分野などにも影響を及ぼすと考えられ、地域活性化の観点から重要視されている。こうした背景には、日本社会における生産人口の急減や、若者の都市部への移動など、地域社会における共通した課題があげられる。

　日本は、明治維新以降、鉄道や電話、郵便などのインフラ整備のほか、織物や生糸などの大量生産・輸出などが行われ、急速に発展した。こうした発展を支えた幕末から明治期にかけての工場跡や炭坑跡における建造物や製造品、機器などは、産業の近代化に貢献した遺産として、新たな価値が期待されており、観光資源として用いられる動きが加速している。

　2003年に小泉総理大臣（当時）が施政方針演説において、約500万人であった訪日外国人旅行者を2010年に倍増させるとの目標を示して以降、観光は政策課題として取り組まれるようになっている。2007年には、観光立国推進基本法および観光立国推進基本計画が策定されたほか、2008年には観光庁が新設され、観光立国の実現に向けた取り組みが強化されている。こうしたなかで、

　国土交通省は「文化観光」を「日本の歴史、伝統といった文化的な要素に対する知的欲求を満たすことを目的とする観光」と位置づけ、施策を展開している。さらに、2010年には、文化財を「観光資源」として活用する提言が成されており、日本の歴史・文化・伝統を活かした「観光立国」にも注目が集まっている。なお、日本政府観光局によれば、2019年度における訪日外国人旅行者数は3,188万人となっているほか、旅行消費額は4兆8,135億円にのぼっている。

　1992年にUNESCO（United Nations Educational, Scientific and Cultural Organization：国際連合教育科学文化機関）による世界遺産条約（世界の文化遺産及び自然遺産の保護に関する条約）の締結以降、文化遺産として「法隆寺地域の仏教建造物」「姫路城」や、自然遺産として「白神山地」「屋久島」が、世界遺産に登録されている。その後、1994年「古都京都の文化財」、1995年「白川郷・五箇山の合掌造り集落」、1996年「原爆ドーム」「厳島神社」などが登録されている。2019年7月現在では、日本における世界遺産は、文化遺産が19件、自然遺産が4件登録されている。世界的には、条約締結国193ヵ国において1,121件の世界遺産（文化遺産869件、自然遺産213件、複合遺産39件）が登録されている。なお、無形文化遺産についてはUNESCOにより2003年に無形文化遺産保護条約（無形文化遺産の保護に関する条約）が採択され、2006年に発効している。

　これらに関連する議論として文化財に関するものがあげられる。1950年に文化財保護法が制定されて以後、国宝保存法や史蹟名勝天然紀念物保存法の保護対象を文化財という概念のもとに包摂的に統一している。一方で、文化財に対して、五十川（2003）は「文化財という名称で包括されるものの、実体的な内容やその年代は、おびただしく拡大しつつある」とする指摘も見られる。また、小林（2004）は「指定されている対象物の幅広さを見る限りでは、『わが国』に関連する人間の営みあるいは人間が精神的に生み出したもの全てといっても過言ではない内容になっている」と指摘している。

　以上を踏まえ、産業遺産の観光資源化に着目し、特産品や、新たな観光資源の創造などに向けた連携と、展開について検討にする。そのため、朝来市を事例として検討を行う。なお、朝来市は、日本遺産・近代化産業遺産などの取り組みが見られるのみならず、新たな観光資源の創造に向けた動きに積極的な地域である。

2. 産業振興と産業遺産

(1) 地域における産業振興

　日本における産業振興は、高度経済成長期以降、地域間格差の是正を目指し、国により、企業立地の分散化が推進された。こうした政策の展開として、「新産業都市・工業整備特別地域（新産業都市建設推進法・工業整備特別地域整備促進法）」「テクノポリス構想（高度技術工業集積地域開発促進法）」「頭脳立地（地域産業の高度化に寄与する特定事業の集積の促進に関する法律）」「オフィス・アルカディア（地方拠点都市地域の整備及び産業業務施設の再配置の促進に関する法律）」などがみられる。

　これらの取り組みにより、企業の地域進出が促進された。特に経済成長に関係した事業拡大がなされた一方で、地域における優位性や必要性が確保されないことから地域に定着しないものや、経済情勢の変化、経営状況の悪化などにより、事業所の整理対象となり、撤退する事例なども散見される。

　他方で、地域産業の振興は、地域経済の発展に関係する中小企業の振興などの観点からも重視されている。地域産業の推進では、地域住民が地域資源を把握し、地域の文化や優位性を活かすことが求められている。近年、これらの担い手は、これまでの地域外の事業者や行政ではなく、農業者や製造業者、観光事業者、商工会、商店街など多様化している。さらに、地域において多様な主体が連携した取り組みも増加している。

(2) 産業遺産に関する制度

　2003 年に TICCIH（The International Committee for the Conservation of the Industrial Heritage：国際産業遺産保存委員会）は、ニジニータギル憲章において、産業遺産を「歴史的・技術的・社会的・建築学的、あるいは科学的価値のある産業文化の遺物」と定義している。UNESCO による世界遺産においては、1978 年にポーランド共和国のヴィエリチカ岩塩坑が登録され、その後、1990年代を契機に急増している。日本においては、一般的に、産業遺産を明治維新

以降の遺物・遺構として捉えることが多い現状にあると考えられる。他方で、日本における産業遺産に関する制度として、「近代化遺産」「近代化産業遺産」「日本遺産」を取り上げることができる。

　まず、「近代化遺産」は、1990年代以降、日本の近代化を支えた産業遺産の観光資源としての活用や、文化財としての価値を再検討する動きと結びつく概念である。文化庁は、1990年に「近代化遺産（建造物等）総合調査」を行っている。この調査は、急速に進む都市化のなかで、多くの近代期における建造物が取り壊しの危機に陥っていることを背景として、残存する建造物を網羅的に調査・記録することを目的としている。

　さらに、2007年に経済産業省によって、「近代化産業遺産」が制度化されている。近代化産業遺産は、「幕末から戦前の工場跡、炭鉱跡等の産業遺産であり、日本の産業の発展に貢献したもの」として位置づけられる。2007年4月に経済産業省は、産業遺産活用委員会を設置し、日本各地に現存する産業遺産を公募し、さらに実態と保全・活用について調査している。2007年11月には、33件の「近代化産業遺産群」と、575件の個別の認定遺産を公表している。加えて、2009年2月に、「近代化産業遺産群・続33」として、新たに33件の「近代化産業遺産群」と、540件の個別の認定遺産を公表している。

　「日本遺産」では、地域の歴史的な魅力や特色をストーリーとして認定する取り組みがみられる。日本遺産は、地域における文化財の把握や、地域全体としての一体的な整備、国内外への戦略的な発信を目的としている。文化庁は、2020年6月19日に新たな日本遺産の認定箇所を発表しており、2020年度の応募申請総数69件のうち、21件が認定されている。これまで、2015年度には18件、2016年度には19件、2017年度には17件、2018年度には13件、2019年度には16件が認定されており、2020年度までの累計で104件が日本遺産となっている（文化庁, 2020）。なお、日本遺産に関する研究は、須賀・小川（2018）による千葉県佐倉市を対象としたケーススタディ、山川・伊藤（2017）による地域遺産制度に関する研究、岡本（2019）による地域遺産に関する認定に向けた地域デザインのプロセスに関する検討などがあげられる。

3.　朝来市における産業遺産に関する事例

(1)　朝来市の概要

　朝来市は、兵庫県のほぼ中央部に位置し、北部は養父市と豊岡市に接し、山陰道と播但道の結合点となる交通の要衝として古くから栄えた地域で、2005年に旧和田山町、旧生野町、旧朝来町、旧山東町が合併し、現在の形となっている。

　この地域は、鎌倉時代末期から安土桃山時代にかけて赤松氏の支配下にあり、その奨励策として家具の製作が歴史的にも推進されてきた。しかし、近年では、グローバル化や家具の消費減少などの影響を受け、産業が停滞している。また、鉱山や農業が産業の中心であったことから、1970年代頃まで観光に対する取り組みは活発ではない。こうした影響から、現在においても、宿泊施設は少なく、さらに駐車場の整備が不十分であるなどの課題がある。来訪者における宿泊先の20％が朝来市内であり、豊岡市や養父市、新温泉町、香美町などに宿泊流出が見られる状況にある。

　現在における朝来市の代表的な観光資源は、史跡・竹田城跡であり、いわゆる天空の城として雲海に浮かぶ遺構が人気を博している。竹田城跡は、近年の登山ブームや、高倉健主演の映画「あなたへ」の舞台となったこと、Webサービスのテレビ CM に登場したこと等も人気に関係する。他方で、竹田城跡への入込客数は2014年に58万人を超えたが、その後、減少傾向にある。

(2)　朝来市における産業遺産の活用

　近年では、朝来市の日本遺産に「銀の馬車道・鉱石の道」が登録されている（図 9-1）。「銀の馬車道（生野鉱山寮馬車道）」は、明治期に生野銀山から姫路港との間を、産出された銀を中心に、鉱山の発掘や鉱石の精錬に必要な物資、日用品が運ばれた道である。この「銀の馬車道」は、1876年に全線開通しており、フランス人技師レオン・シスレーによる監督のもと、当時の先端的な技術であったマカダム式道路が敷設されている。さらに、明延、神子畑、生野の鉱山は、

図9-1　日本遺産登録の横断幕
出所：筆者撮影。

鉱石輸送の専用道路により接続され、鉱石や人、物資が運ばれていたことから「鉱石の道」と位置づけられている。近年では、生野銀山や神子畑選鉱場を、観光に活用するべく、特産品の開発や博物館施設のリニューアルなどの試みが見られる。なお、生野銀山は、産業遺産としても知られ、2007年に経済産業省による近代化産業遺産に「我が国鉱業近代化のモデルとなった生野鉱山などにおける鉱業の歩みを物語る近代化産業遺産群」として認定されているほか、2014年には国の重要文化的景観に選定されている。

　生野銀山は、明治政府が1868年にフランスより招聘した外国人技師であるジャン・フランソワ・コワニェを派遣し、日本で最初の官営鉱山として近代化が図られた鉱山である。明治期以前の採掘法としては、槌と鏨による「タヌキ掘り」が中心であったが、火薬を用いる発破式の採掘法への転換がいち早く行われたことで知られる。さらに、「鉱山伝習学校」を設立し、日本人技術者を育成している。初代住友総理人である広瀬宰平を始めとして、多くの学生を募っており、近代鉱山技術の普及にも大きな役割を果たしている。神子畑鉱山は、1891〜1893年頃が最盛期であり、1900年には衰退期となっている。他方で、明延鉱山において、1908年にタングステン、1909年に錫石が発見されたことに関連して、神子畑に巨大な選鉱場が建設されている。

　これらの鉱山は、1889年から宮内庁が所管し、その後、1896年に三菱合資会社に払い下げられた。その後も開発は進んだが、1973年に生野鉱山、1987年に明延鉱山が閉山し、神子畑選鉱場も操業を停止している。なお、生野銀山の閉山後、1974年には史跡・生野銀山（観光坑道を含む）と鉱山資料館、1975年に生野鉱物館、1986年には吹屋資料館が開設されているなど、観光施設としての整備が進められている。

⑶　生野銀山・神子畑選鉱場と観光

　生野銀山では、実際に採掘が行われた坑道を観光坑道として整備している。この観光坑道内では、当時の作業員を模したマネキン人形が配置されており、鉱山が稼働していた当時を知ることができる工夫がなされている。また、坑内において産出された銀をインゴットとしたものや、各種鉱物を集めて展示している博物施設も併設されている。この観光坑道を整備し、博物施設を運営しているのは、株式会社シルバー生野である。シルバー生野は、鉱山を観光施設化し、維持管理することを目的に、三菱マテリアル株式会社と朝来市が共同出資することにより設立された会社である。三菱マテリアルは、三菱金属株式会社を前身としており、鉱山の閉鉱後も、地域で企業活動を継続しているとしても捉えられる。

　生野銀山における観光資源に関する取り組みとして、坑道を活用した貯蔵酒がある。坑内は、気温が年間を通じて13℃前後であることと、湧き水により湿度が一定に保たれる状態にある。この環境は、ワインや日本酒の貯蔵に適していることから、兵庫県姫路市において酒類販売を行っている株式会社エルデベルグ平井が、1991年より坑道内にて日本酒やワイン、焼酎等の貯蔵を行っている（図9-2）。貯蔵される日本酒は、兵庫県内で作られたものに限定するなど、地産地消に向けた取り組みにもなっている。また、貯蔵されている酒類のうち米焼酎「直島」は、三菱マテリアル株式会社が運営する職域生協の三菱マテリアル直島生活協同組合の依頼により、開発された商品である。

　神子畑選鉱場跡では、1987年の操業停止後、2004年に老朽化した建物が取り壊され、現在は鉄筋コンクリートの基礎構造物

図9-2　坑内の酒類貯蔵庫

出所：筆者撮影。

図9-3　神子畑選鉱場のシックナー
出所：筆者撮影。

とインクラインの跡が残されている。また、シックナーと呼ばれる液体中の固体粒子を分離する沈降槽の跡地の内部は、立ち入り禁止となっているが、外観については見学することが可能である（**図9-3**）。

近年では、神子畑選鉱場跡は、企業や音楽アーティストを媒介に観光地として

の認知度を高めている。近年では、東京のブランド「マニアパレル」と連携し、神子畑選鉱場のシックナーを図案化したTシャツ販売などの取り組みが見られる。また、マグカップや水筒、スタンプ、マスクなどにデザイン性を付与した商品の展開が見られる。さらに、日本遺産への登録をきっかけとして、ミュージックビデオの撮影地として注目を集めており、翌年の2018年には5組のアーティストが、神子畑選鉱場跡を舞台に撮影を行っている。

4.　考察

近年、地域社会において、どのような観光資源を重点的に利活用するか、という観点が求められている。産業遺産は、地域社会において、産業のみならず生活文化としても根づいてきたものであり、住民においては親しみ深い。こうした産業遺産の活用に向けて、経済産業省による近代化産業遺産、文化庁による日本遺産などの施策が推進されている。

他方で、産業遺産の立地地域における観光推進には課題も存在する。例えば、元来産業地であることから、観光スポットや宿泊施設が整備されていないことがあげられる。さらに、関連する特産品の販売に向けたデザインや、商品に付加価値をつける取り組みが行われていない等があげられるだろう。すなわち、産業遺産が観光スポットとして人気を博しても、観光地全体に効果が波及しな

い可能性が示唆される。

　朝来市の事例では、生野銀山における酒類の貯蔵や、神子畑選鉱場における
デザイン性の高いグッズ販売などの取り組みが見られた。生野銀山や神子畑選
鉱場等は、経済成長の礎としての役割を終えたその後、地域において観光資源
として再評価されることで、新たな地域経済を支える存在となっている。この
ことは、遺産を維持・管理することのみならず、利活用の観点から、財を生み
出す資源として応用していることに他ならない。これらの事例では、日本遺産
や近代化産業遺産という制度のもと、産業遺産同士を一つのまとまりとして結
びつけることで、観光資源の価値を相互的に高めている。産業遺産の観光資源
化においては、単独の場所や施設に着目するのではなく、多様な地域における
観光資源と結び付けることが重要になると考える。

【参考文献】
五十川伸矢（2003）「文化財とは何か」,京都橘女子大学文学部文化財学科編『文化財学概論』,
　　京都橘女子大学，8-12 頁。
岡本真生（2019）「「日本遺産」のつくりかた：地域文化デザインの現場にて」,『関西学院大
　　学社会学部紀要』,第 130 号，75-87 頁。
小林真理（2004）『文化権の確立に向けて：文化振興法の国際比較と日本の現実』,勁草書房,
　　53-57 頁。
須賀隆章・小川真実（2018）「佐倉市の文化財行政と「日本遺産」」,『千葉大学人文公共学研
　　究論集』,第 36 号，198-209 頁。
文化庁（2020）「令和 2 年度「日本遺産（Japan Heritage）」の認定結果の発表について」（最
　　終閲覧日：2021 年 2 月 13 日）
　　https://www.bunka.go.jp/koho_hodo_oshirase/hodohappyo/pdf/92323501_01.pdf
山川志典・伊藤弘（2017）「住民団体と地域遺産制度への取り組みの関係：岩手県遠野市遠
　　野遺産認定制度を事例として」,『都市計画論文集』,第 52 巻，第 3 号，1206-1211 頁。

本章は、以下の論文をもとに加筆、修正したものである。

井上和久・堀彰穂（2021）「産業遺産の観光資源化に関する研究―朝来市（兵庫県）を事例
　　に―」,『文理シナジー』,第 25 巻，第 1 号，51-56 頁。

第10章
地域社会における企業の 社会的責任に関する展開

堀　彰穂・井上　和久

1. はじめに

　日本企業における環境との関わりは、1960年代、急速な企業活動の発展により、全国各地で公害問題が発生したことが大きな転機となっている。これらは、いわゆる産業公害であり、地域住民に対し、深刻な健康被害をもたらし、社会に大きな影響を与えている。こうした経緯を踏まえ、1967年に公害対策基本法、さらに、1968年には大気汚染防止法が制定されている。また、その後、環境問題に対して国民世論の関心が高まりに対し、1970年11月に開かれた臨時国会では、公害問題に対する集中的な討議が行われ、1971年の環境庁の設立にもつながっている。また、この臨時国会は、公害国会と通称され、多くの環境対策法案が成立しており、環境対策に拍車がかかることとなった。

　企業における環境活動や企業の社会的責任（CSR：Corporate Social Responsibility）の議論は、1990年代から活発化している。例えば、一般社団法人日本経済団体連合会により、企業の経常利益や、個人の可処分所得における1%以上を社会貢献活動に支出しようと呼びかける団体である「1%クラブ」の設立、CSRを踏まえた倫理規定である「企業行動憲章」の制定など、企業における環境配慮に向けた意識の醸成が進んだことを取り上げることができる。

　また、国際的な動きとして、ブラジルのリオ・デ・ジャネイロでの「環境と開発に関する国際連合会議（地球サミット）」において、企業がCSRに関わる

行動規範の作成につながる環境マネジメントシステムに関する国際規格 ISO 14001 が発行されていることや、世界温暖化防止京都会議（COP3）において、地球温暖化ガスの排出削減目標を取り決めた京都議定書を採択したことが関係する。

　さらに、グローバル化の進展により、企業におけるステイクホルダーは、株主や顧客、政府のみならず、NPO/NGO や市民なども対象になっている。こうしたなかで、2010 年には、CSR の統一国際規格 ISO 26000 が発効されているほか、2011 年の欧州委員会による「新 CSR 戦略」では、組織が社会に対して負う責任や CSR の定義が示されている。加えて、2011 年には、国連人権理事会が「ビジネスと人権に関する指導原則」の制定や、OECD による「多国籍企業行動指針」の改訂などの動きが見られる状況にある。

　企業経営に着目した場合、1990 年代や 2000 年代前半には、企業活動において、自ら不正と知りながら意図的に違法行為を行う不祥事が多く発生している。特に 2000 年代では、乳製品による集団食中毒や、牛肉偽装による詐欺事件、自動車メーカーによるリコール隠しなどの不祥事が相次いで発生した。この相次ぐ不祥事により、コーポレート・ガバナンスが問われるようになり、CSR についても導入企業が増加することにつながる。なお、世界的な CSR 活動の成り立ちは、1960 年代以降の米 IBM や AT&T を対象とした反トラスト法や、1990 年代におけるロイヤル・ダッチ・シェルによる石油貯蔵施設の海洋廃棄、米ナイキ社による発展途上国における児童労働問題、米エンロン社による不正会計問題などが関連する。

　そこで、本章では CSR の変遷について整理したうえで、地域と密着な関係性を形成し、新たな価値を創造している自然環境に着目した CSR 活動のあり方を検討する。なお、自然環境に着目した CSR 活動に関する取り組みを行っている企業として、イオン株式会社（本社：千葉県千葉市）や住友林業株式会社（本社：東京都千代田区）などがあげられる。日本国内において、歴史的に企業のメセナ事業や CSR 事業等において先駆的な取り組みを行っていることや、CSR 事業に対する投資金額が大きいこと、多様な地域において展開されていることから、トヨタ自動車株式会社（本社：愛知県豊田市）の「森林分野」「自然教育分野」における CSR 活動に焦点を当ててケーススタディを行う。

2. 企業における CSR 活動と環境保全

(1)　CSR 活動の成り立ち

　近年の CSR 活動では、慈善活動や芸術活動の支援のみならず、環境や人権問題など、グローバルな問題への対応が活性化している。また、関連する概念として、ソーシャル・マーケティングの観点も重視されるようになっている。ソーシャル・マーケティングの議論は、1960 年代にアメリカで巻き起こった消費者運動をきっかけに、Kotler and Zaltman（1971）により、社会的責任を重視したマーケティングとして、ソーシャル・マーケティングを提唱、展開されたものである。このソーシャル・マーケティングについて、Kotler and Lee（2004）は「公衆衛生・治安・環境・公共福祉の改善を求めて、企業が改革キャンペーンを企画、あるいは実行するための支援手段のことである」と定義している。また、Porter and Kramer（2011）が、CSR に代わる概念として「共通価値の創造（CSV：Creating Shared Value）」を提唱し、地域社会における経済条件や社会状況を改善しつつ、企業自らが競争力を向上させていくことの重要性について述べている。

　CSR の定義については、時代と背景、研究者によって異なっている。例えば、1970 年代では、Davis（1973）は「企業が求める伝統的な経済的利益とともに社会的利益を達成するために、企業の狭義の経済的、技術的、法的要件を超えた問題を検討し対応すること」と定義した。また、Carroll（1979）は、「企業の社会的責任とは、ある時点で社会が企業に期待している経済的、法的、倫理的、そして裁量的（慈善的）なものを包含している」と定義している。

(2)　自然環境と CSR 活動

　CSR 活動の実践について、公益社団法人企業市民協議会によるアンケートによれば、多くの企業において、「環境への配慮」について、高い関心を持っているとされる。自然環境に着目した CSR 活動、もしくはそれに相当する取り組みの先駆的な事例では、自然環境の保全として、植林や里山保全、ビオトー

プの造成などのハード面での取り組みのほか、地域社会と適切な関係を構築するソフト面での連携が見られ、新たな取り組みが見られる。

　例えば、「無印良品」ブランドにおいて、衣類や雑貨を販売している株式会社良品計画（本社：東京都豊島区）では、1995年より無印良品キャンプ場を展開していることを取り上げることができる。2021年現在、津南（新潟県中魚沼郡津南町）・南乗鞍（岐阜県高山市）・嬬恋（群馬県吾妻郡嬬恋村）に設置されており、地元住民によるアウトドア教室の開催や、カヤック教室、子どもを対象として教育イベントの企画・実施等が行われている。

　また、アウトドア製品の製造・販売を主要事業とする株式会社スノーピーク（本社：新潟県三条市）では、全国各地の自治体や企業と包括連携協定を締結し、自然環境の活用による地域活性に向けた取り組みを行っている。同社と協定を締結する自治体および企業は20件を超えており、地域社会との関係の構築にも力を入れている。

3.　トヨタ自動車における事例

⑴　トヨタ自動車におけるCSR活動

　トヨタ自動車によるCSR活動は、社内における労働環境やダイバーシティから、自然環境、教育活動、芸術文化支援、地域社会の貢献など多岐にわたっている。東洋経済新報社の調査（2020年）によれば、トヨタ自動車の社会貢献支出額は190.8億円であり、日本企業のうち支出額は1位である。

　トヨタ自動車は、CSRの指針である「トヨタ基本理念」において「社会・地球の持続可能な発展への貢献」を掲げている。トヨタ自動車によるCSR活動には、「各国の文化・慣習・歴史および法令を尊重」や「革新的・安全かつ卓越した高品質な製品とサービスを開発・提供」などがある。トヨタ自動車では、CSRの指針の主題において「地球環境」と「地域社会の貢献」が掲げられており、重点的な目標となっている。自然を内包する「環境」については、2015年に発表された「トヨタ環境チャレンジ2050」にその特徴を見出すことができる。なお、「トヨタ環境チャレンジ2050」は、愛知目標にも関係する。

愛知目標は、2010 年に愛知県名古屋市において開催された第 10 回締約国会議 (COP 10) において設定され、2050 年までに生物多様性の保全を軸とした「自然と共生する社会の創造」を目指している。

⑵　森林分野における CSR 活動

　森林資源は、公益的機能・多面的機能を有し、土砂災害を防止する「国土の保全機能」を始めとした、水を育む「水源の涵養機能」や、「快適環境形成機能」「文化機能」「生物多様性保全」「木材等の生産」等に資するものとして捉えられる。

　トヨタ自動車では、「トヨタ三重宮川山林（三重県中南部）」において、スギやヒノキなどの間伐を進め、森づくりに取り組んでいる。この「トヨタ三重宮川山林」の面積は約 1,700 ヘクタールであり、人工林として樹齢 10〜50 年生程度の若木から 110 年生を超えるスギやヒノキが育っており、多様な生態系を構築している。森づくりでは、人工林のうち木材生産に適さない樹木について、間伐を実施し、広葉樹の定着を促すことで、自然林に戻す取り組みを行っている。

　また、2017 年から実施される、山と関わる人を増やことを目的とした「フォレストチャレンジ・森あげプロジェクト」を取り上げることができる。このプロジェクトでは、従来の林業従事者を育成するのみではなく、森林の利活用に着目し、「象鯨彫刻家具」や「ワンコの森あそび」などの活動が見られる。「トヨタ三重宮川山林」で伐採された木材は、トヨタ自動車関連施設における建材や、アロマ商品としても活用されている。アロマ商品は、森林整備により発生した枝や葉を採取し、地域の宮川森林組合が精油抽出を行っている。また、「木の魅力」に着目して、地元の木工事業者から高校生に、木工の道具の使い方や木組みの方法を伝える取り組みも見られる。

　さらに、生物多様性に関する取り組みとして、トヨタ自動車の関連企業 22 社が参加している「トヨタグリーンウェーブプロジェクト」がある。このプロジェクトは、「トヨタ環境チャレンジ 2050」にも関連し、「人と自然が共生する未来づくりへのチャレンジ」として「地域を"つなぐ"自然共生活動」に向けたさまざまな取り組みとなっている。具体的な活動として「森林保全・里山

整備」「植樹・工場の森づくり」「ビオトープ水域保全」「生態系保全」「環境学習」などの取り組みが見られる。例えば、トヨタ自動車の関連企業の愛知製鋼株式会社（本社：愛知県東海市）では、2012年より「カブトムシのすむ森づくり」に取り組んでいる。この取り組みでは、広葉樹の森の保全・維持により、カブトムシを中心とした多様な生物の保全を目的とし、NPOや地域団体などと協力した活動を行っている。さらに、この活動では毎年秋に「森2（もりもり）イベント」という、社員・家族参加型のイベントを行っているほか、他団体や企業との連携プログラム、ネイチャークラフト体験なども実施している。

(3) 自然教育分野における CSR 活動

　トヨタ自動車では、人材育成や環境教育、地域貢献を目的として、2005年4月に「トヨタ白川郷自然學校（岐阜県白川村）」を設置しており、地域・NPO・企業の三者が連携し設立した「NPO法人白川郷自然共生フォーラム」に運営委託されている。「トヨタ白川郷自然學校」の基本理念は、「自然との共生・地域との共生」をテーマとして、「自然と共に生きることの大切さへの実感」や、「癒しの場の提供」「白川村の自然環境の保全と回復」「地域の持続可能な発展に対する貢献・寄与」などを掲げている。

　こうした理念のもとで、「環境意識の啓発」として、一般来客の受け入れのほか、社会的な側面に着目したものとして、「企業役員・職層別研修、大学生研修」「小・中学生向け団体プログラム」「自然体験プログラム」などを実施している。さらに「地域の持続可能な発展に寄与」として、地域において実施される行事や、イベントとの連携が見られる。例えば、「白山スーパー林道新緑ウォーキング」や、地域住民への環境教育として実施している「里山あそび塾」などがあげられる。加えて、「トヨタ白川郷自然學校」は、「ひだの未来の森づくりネットワーク事務局」としても機能しており、岐阜県飛騨地域における森づくりを推進する試みも見られる。さらに、地域・伝統文化に着目した取り組みや、里山においてギフチョウやヤマネの生息環境維持活動などの活動が行われている。

　また、森づくりや環境教育に関する取り組みとして、「トヨタの森」があげられる。「トヨタの森」は、豊田市の郊外に残る15ヘクタールの里山（所在地：

愛知県豊田市岩倉町一本松）を保全、管理し一般の人々に公開するものである。この森林は、1940 年代までは地域の里山として近隣住民により活用されてきた。しかし、1950 年代〜1960 年代にかけてのエネルギー革命により、里山の利用が途絶えたことから、荒廃した状態となり、放置されてきた。こうした土地を、1996 年から「整備ゾーン」「保全ゾーン」「活用ゾーン」の三つに大別して整備が進めているものである。2003 年 4 月には、トヨタの森において「トヨタの森里山学習館」「エコの森ハウス」を整備しオープンしている。この施設は、木造平屋の軸組み構造で、「森の情報館」「森の学習館」「バイオマス伝統館」「バイオマス未来館」の 4 棟からなり、木造デッキによる中庭を中心に、東西南北の方位軸にあわせて配置されている。また、施設自体にはさまざまな環境技術が用いられており、「森の情報館」では、中断熱中気密になっており、屋上緑化、パッシブソーラーシステム、ウッドプラスチックなどの環境共生技術が取り入れられている。さらに、「森の学習館」は高断熱高気密で、木製サッシにペアガラスを採用し、現代型の環境共生住宅仕様となっている。この「トヨタの森」は、学校教育との関係が深く、近隣の小学校を中心に環境教育プログラムを受け入れている。小学校からのこうした環境プログラムへの参加は、移動が課題になると考えられる。そこで、「トヨタの森」では、市内を巡回する工場の送迎バスが昼間使われていないことに着目し、小学校と施設との往復に活用している。また、「トヨタの森」では、市民団体、NPO/NGO との連携や指導者の養成も行われており、一般社会人への啓蒙や普及活動が見られた。加えて、2006 年 5 月に住友林業との協同事業として、「里山学習館・エコの森ハウス」がオープンし、クラス単位で使用できる講義室や環境関連の展示室、会議室が整備されている。また、「トヨタの森」では、インタープリターと呼ばれる自然環境の解説を行える専門家が 4 人常駐しており、教育効果をあげている。

　さらに、2007 年より「プリウス」を生産する堤工場（愛知県豊田市）を「工場の森づくり」のモデル工場とし、生き物を育む拠点づくりを目指す植樹活動を実施している。また、2017 年度より活動内容を拡大され、多様な生物の生育環境の整備を行うほか、適切な生態系の維持のため、継続的なモニタリングを実施している。さらに、2018 年 10 月には、堤工場に、里山的な広葉樹林を

コンセプトに地域における生態系保全を目的とした樹林地の形成、水辺、草地などからなる「びおとーぷ堤」が設置されている。

4.　考察

　2008 年に発生したリーマンショックまでの CSR 活動では、企業イメージの向上や社会的な認知度の向上、商品の普及などを目指すものが多く見られた。その後は、コーポレートガバナンスの強化や、CSR の概念的な深化として CSV が注目を集めている。こうしたなかで、トヨタ自動車の事例では、自然環境に着目した活動をもとに、地域との良好な関係性を構築し、地域に根づいた活動を行っていることに特徴が見られた。

　まず、「森林分野」における取り組みでは、地域全体におけるステイクホルダーを育成していることを取り上げることができる。すなわち、森林に関わる人を増加させることで、森林を維持管理するだけでなく、持続可能な地域社会の実現に寄与していると捉えられる。

　次に、「自然教育分野」における取り組みでは、工場見学やビオトープの造成などの一般的な CSR 活動も見られた。他方で、企業活動への理解を促すことにとどまらない新たな活動も存在した。例えば、白川郷における取り組みでは、企業研修のみならず、宿泊施設としても人気を博していた。この施設では、地域の NPO によるガイドや、地域文化を体験することができることに特色がある。さらに、「トヨタの森」における CSR 活動では、小学生のみならず、地域住民との交流も見られた。

　これらの CSR 活動は、より地道な地域社会に根づいた活動であり、新たな価値創造に結びついていると位置づけられる。さらに、企業活動が地域に根づくことは、地域社会における既存の文化と、企業活動が有機的に結びつくことで、新規事業やコミュニティ形成にも好影響を与えると考えられる。

【参考文献】

Carroll, A. B. (1979) "A Three-Dimensional Conceptual Model of Corporate Performance," *Academy of Management Review*, Vol. 4, No. 4, pp. 497-505.

Davis, K.（1973）"The Case for and against Business Assumption of Social Responsibilities," *The Academy of Management Journal*, Vol. 16, No. 2, pp. 312-322.

Kotler, P. and G. Zaltman（1971）"Social Marketing: An Approach to Planned Social Change," *Journal of Marketing*, Vol. 35, No. 3, pp. 3-12.

—— and N. R. Lee（2004）*Corporate Social Responsibility: Doing the Most Good for Your Company and Your Cause*, John Wiley & Sons.

Porter, M. E. and M. R. Kramer（2011）"Creating Shared Value: How to reinvent capitalism and unleash a wave of innovation and growth," *Harvard Business Review*, pp. 2-17.

（公社）企業市民協議会（CBCC）「CSR 実態調査」結果（最終閲覧日 2021 年 8 月 15 日）
　　https://www.keidanren.or.jp/CBCC/report/201707_CSR_survey.pdf

トヨタ自動車株式会社「サステナビリティ基本方針」（最終閲覧日 2021 年 8 月 15 日）
　　https://global.toyota/jp/sustainability/csr/policy/

トヨタ自動車株式会社「トヨタ自動車、堤工場に「びおとーぷ堤」を開設」（最終閲覧日 2021 年 8 月 15 日）
　　https://global.toyota/jp/newsroom/corporate/24776233.html

本章は、以下の論文をもとに加筆、修正したものである。

堀彰穂・井上和久（2021）「自然環境に着目した企業社会責任の取り組みと可能性―トヨタ自動車における森林分野と自然環境教育分野の活動をもとに」、『文理シナジー』、第 25 巻、第 2 号、239-244 頁。

第11章
乾杯条例と地域づくり

井上　和久・堀　彰穂・友成　真一

1. はじめに

　わが国における特有の食文化である日本酒[1]は、国内での消費低迷や、国際化による販路拡大など、新しい転換期を迎えている。こうした中で、老舗の清酒事業者を中心として、経営基盤の確保という観点から地域との関係性の強化が検討されはじめている。すなわち、水や米などの地域資源を使い生産される日本酒が、地域において新たな価値として認識されることで、長期的な顧客の獲得・確保につながるのである。こうした取り組みは、食文化を活用した観光資源の開発においても新しい価値を提示している。例えば、地域の伝統工芸である漆器により日本酒を客に提供する例などが登場し、波及効果を生み出している。また、関係して酒蔵ツーリズム[2]が、近年盛んに行われている。

　一方で、日本酒の消費量は減少の一途をたどり、そのあおりを受け、清酒事業者が廃業するなどの影響が出ている。清酒事業者は、歴史的にも地域の名家が経営していることが多く、また、地域文化との関わりも深い。そのため、清酒事業者の停滞が、地域における見えざる広範な損失となっている。こうした一方で世界的な健康志向の高まりから日本食ブームが発生しており、海外において日本酒の需要が増加している。

　酒蔵と地域に関する先行研究として、東野ら（2005）による灘五郷における酒蔵建築の変化を示したもの、長村（2012）による北海道のワインにおける地

域経済の活性化やクラスター形成を示したものがあげられる。さらに地域のブランドに関する研究として、黒田（2007）による地域ブランドの形成における意義や問題点を示すものや、井上（2008）による地場産業による地域ブランド化を示すものなどがあげられる。

　また、地元産品のブランド化を促すまちづくり憲章や自治基本条例、特産物・特産品条例が、自治体により制定され、地域外への販売や国外輸出などにおいて、日本酒を代表とする國酒[3]のブランドとしての価値を高めることや、ブランド化によって地域に対する誇りの形成につながると考えられるが、この状況を分析した研究は少ない状況にある。

　乾杯条例は、地域資源を地域内で活用する地産地消や地域振興という方向性と、地域外への進出や産業の誘致・活性化を目指すという方向性の二つの視点があると考えられる。本章では、乾杯条例を活用した地域づくりの実態を、①地域外への展開、②地域内への展開の二つの視点から分析を行い、乾杯条例を活用した地域づくりの実態を明らかにする。そのために乾杯条例の分析を行い、関連地域の日本酒を活用した地域づくり事例について分析を行う。

　そこで、清酒事業者と日本酒の状況を検討し、加えて、全国における乾杯条例の状況および施行実態を分析する。さらに、事例研究として観光資源や産業として日本酒を活用する事例として、奈良および和歌山を取り上げ、加えて、地域に主眼をあてた事例として与謝野町（京都府）を検討する。なお、本章において使用しているデータは、乾杯条例の制定が全国各地で活発化した 2013 ～2014 年頃のものを使用している。

2.　清酒事業者と日本酒の状況

　わが国における酒類の課税移出量は、長期的に減少傾向にあり、同様に日本酒の消費も減少している。日本酒の消費量の減少は、特にビールやワインなど酒類の多様化、和食から洋食への変化によって落ち込んでいることが示唆されよう。

　こうした影響から清酒事業者の件数は、1997 年に全国で 2,146 件（国税庁：清酒製造業の概況）あったものが 2020 年には、1,252 件と急速に減少している。

都道府県別では、新潟県では、103件から85件へ、京都府では、63件から35件へなどとなっており都道府県により幅はあるが、全国的に清酒事業者の減少が進んでいる。

3. 全国における乾杯条例

(1) 乾杯条例の位置づけ

　憲法94条により、地方議会は「法律の範囲内で」条例を制定することができる。条例は、住民の意思を自主立法によって実現するという民主主義実現の重要な要素の一つであるが、条例と法律との効力関係で問題が存在している。この点につき、従来の学説は、法律の範囲内で制定されるという憲法の規定から、条例は、法律よりその効力は劣るとされてきた。しかし、近年では、公害規制条例に代表される「上乗せ条例」や「横出し条例」に対して、生存権に基づき、その存在を肯定する有力な学説や、判例も存在する。また、憲法92条が規定する「地方自治の本旨」から地方優先の原則をもって、形式的に条例が法律より劣ると解することは難しくなっている。

　地方分権一括法が施行され、国と地方との関係は上下・主従から対等・協力の関係に移行するとともに、住民主導による個性的で総合的な行政システムに転換することが求められることとなり、これに応じて、条例にも地方に即した適用・実施が求められるようになった。

　条例により、「自治体の憲法」を制定する動きが各自治体でみられ、「自治基本条例」が制定された経緯がある。この第1号はニセコ町「まちづくり基本条例」であり、その後、全国へ広がった。この基本条例には、他の条例に対して最高規範性を持つものも存在するなど、条例の種類は多様性を持つようになってきている。

　条例には、基本条例、規制条例、誘導条例、給付条例などが存在する。これらの条例すべてに、条例の目的と手段を基礎づける事実や、立法事実が必要となる。この立法事実は、薬事法違憲判決においても違憲審査をするにあたり判断基準とされるなど、法規制定に対し重要なものである。規制条例は、地域の

秩序を維持する目的で制定され、給付条例は、住民サービスの実施のため公金支出が必要であり、これらは法律上の必要から制定されるため、制定理由と目的が明確に存在する。立地誘導をするべく制定される誘導条例についても、まちづくりの観点から制定が必要となるため制定するものであり、これらの条例には懲役刑や罰金などの行政刑罰や、過料である秩序罰により、義務の履行や秩序維持が行われている。

　しかし、基本条例は、罰則が存在していないことが多く、行政指導をもって、条例が掲げる目標を達成するにとどまる。同様に乾杯条例も、罰則が存在せず、条例により基本原則や方針を示すものとして存在するものである。これらの条例は、議会において議員や任意団体による働きかけを受け、制定されることにより提案され、決議される。しかし、条文の内容には努力義務規定が不存在であるなど、宣言的な条例にとどまっている。これら、理念表明を主要な内容とする宣言的な条例は、努力義務が存在しない以上、市民に対しての法的影響力が弱く、また行政指導によって目的の達成に向けた行政活動を行いにくい側面がある。このような条例には自治体における基本的理念や政策を、首長と議会の共通意思として表明する部分において意義があると考えられるが、行政が策定する計画によりその目的は実現可能であり、条例制定権の濫用とも言えるだろう。

　ただし、住民の意識形成や他の自治体への広報、観光客へのアピールという点において、さらに議会の審議により制定され、条文が公開される点において、条例には一定の効果があると言えよう。

⑵　全国における乾杯条例

　乾杯条例は地域を問わず拡大しており、2014 年 9 月末日施行までに 61 件が確認できた。日本酒によって乾杯を推進するものに限らず、乾杯において使用される飲料は、梅酒、ワインなどのアルコール、さらに、牛乳[4]や茶[5]などの地域の特産物にまで拡大している。また、飲料の消費を促すだけではなく、自治体が主体となり、関連した特産物・特産品の消費にもつなげようとしており、派生効果を生み出す可能性がある。

　乾杯条例が制定された自治体は**図 11-1** による。61 件中、県が 7 件、市が

図 11-1　全国における乾杯条例の制定状況（2014 年 9 月末日時点）
出所：筆者作成。

37 件、町が 16 件、村が 1 件という状況になっており、市町村のみならず、県
による乾杯条例の制定が見られた。制定日は、2013 年中が 31 件であり、その
後 2014 年 9 月末日までが 30 件と、その制定は加速傾向にあると言えよう。自
治体による特産物・特産品の振興に関する条例や憲章の多くは、対象物に対し
指定を行うものであったと考えられる。他方、乾杯条例は、地産地消に関する
消費行動を促し、地域の自立に寄与すべく自治体の立場を明示するものである。
また、乾杯条例の制定の加速傾向は、自治体による注目の高さを表している。

　乾杯条例には拘束力がなく、任意によるものであるが、General Merchan-
dise Store（以下、GMS：総合小売店）などにおいて、今まで取り扱いが必ずし
も多くなかったが、乾杯条例が制定された地域で生産された日本酒の販売強化
の試みもなされている。また、飲食店においても、一杯目を無償で提供する試
みがなされており、地域の日本酒を知る機会を提供している。

　乾杯条例は、地域外に向かう経済の活性化や産業振興にも注目されている。すなわち、多くの乾杯条例は、自治体の立ち位置として、日本酒をキーワードに地域文化を推進することに力を入れており、条例を制定することによって、地域内において、日本酒や特産物、特産品などを知る機会を提供することのみならず、行政や住民、事業者などの主体的なネットワークを構築し、地域外への影響の拡大につなげたいという意図が存在すると考えられる。

⑶　日本酒条例サミット

　乾杯条例は、主として地域内への方向性を目指していると考えられる一方で、地域外へ向かう動きとして日本酒条例サミットがあげられる。これは乾杯条例の取り組みや、日本酒に関係した特産物・特産品を、全国の自治体や清酒事業者、酒蔵などの担当者・関係者が紹介するイベントである。

　このイベントは、京都市が全国で初めて「京都市清酒の普及の促進に関する条例」を制定したことをきっかけとして、日本酒を通じて日本文化の理解の促進に寄与することを目的として行われている。イベントは、2013年から行われ、2016年まで実施されていた。また、京都と全国約50の清酒事業者、酒蔵の日本酒を試飲することができ、日本酒の理解に加え、出店する清酒事業者の販売促進につながっている。

　さらに、試飲だけではなく、全国の日本酒条例制定自治体から取り組み事例を発表するイベントも併せて行っており、日本酒の普及啓発となっている。また、イベントの主催者である京都市は、清水焼のお猪口をはじめとする京都の伝統産業製品の販売や、京都の飲食店と協力したフードメニューの提供を行うなど、京都の文化広報や観光広報の一環として捉えられている。

4.　乾杯条例の活用実態に関する分析

⑴　奈良における日本酒と地域づくり

①奈良における日本酒文化

　奈良県は、わが国において、最初に清酒が造られたとされ、江戸期には、「奈

良酒」は「くだり酒」として、奈良から江戸へと運ばれ、高級酒の代名詞とされた。こうした歴史的経緯を踏まえ、奈良県では、日本酒を県内の地場産業にとって欠かせない産業と位置づけ、「「大和のうま酒」乾杯推進に関する決議」（2014 年 3 月 25 日）を可決した。また、奈良市では、菩提山町に所在する正暦寺が、日本酒の発祥の地であることに関係し、地域活性化のため「清酒の普及の促進に関する条例」（2013 年 12 月 3 日制定）を制定している。

　奈良県では、地域産業活用事業の促進に関する基本的な構想として、日本酒を奈良県内全域の地域産業資源に定め、また、奈良市内全域を日本酒発祥の地としている。この地域資源を活用した事業として、葛葉（くずは）と清酒を組み合わせたジュレ・リキュールを開発し、さらに、奈良の特産物である柿を加えた柿のジュレ・リキュールなど、日本酒の活用事例が存在する。

　奈良県には、清酒事業者が 28 件（2017 年）ほど存在しており、地域により文化が異なることから多様な日本酒を生産していると考えられる。加えて、奈良県では、条例により日本酒の振興を行うだけではなく、県産業振興総合センターにおいて、酒造組合と提携し、日本酒に関する試験や技術開発を行うことにより、日本酒の発展に寄与する試みを行っている。こうした一方で、奈良県においても課税移出数量は、減少傾向にある（図 11-2）。

　奈良市では、クールジャパン戦略に連動する形で「奈良市大和茶・日本酒海外戦略事業」によって、フランスにおいて商談会を行うこと、また、現地マスメディアを活用することによって、大和茶と日本酒の広報、販売促進を行う事業を展開している。このことから、奈良市では、地域の経済的発展に重点を置き日本酒の振興を行っていると言える。

②奈良における地域外への展開

　地域外への展開の事例として、奈良県では、酒造会社と大学、県とが連携し、産官学連携による商品開発を行っている事例が見られる。奈良女子大学では、県内の大手酒造会社と共同研究協定を締結し、連携することによって、新規赤色色素生成酵母の開発とその酵母を使った純米酒の商品化を行っている。この研究では、奈良県花であり、奈良市章・市花であるナラノヤエザクラを使い、消費者に対して桜の花をイメージさせ、購買意欲を生み出すため、色調の鮮やかな赤色色素を生産できる酵母を分離し、この酵母を種とする赤色色素生成酵

図 11-2　奈良県の清酒企業数と課税移出数量
出所：国税庁、清酒製造業の概況をもとに作成。

母の開発に成功している。そして、この酵母を使い、醸造することによって、純米酒を造ることが可能となり、「奈良の八重桜―クリスタルチェリー―」という商品名で販売されている。

　また、奈良市平群町（へぐり）では、奈良市の酒造会社（八木酒造）と近畿大学農学部が連携し、遊休農地を活用した特産品としての日本酒生産を行っている。これは、平群町における農地の 28.6％を占める遊休農地において食用米ヒノヒカリを栽培、日本酒を醸造する取り組みである。町が遊休農地を所有する農家と委託契約を締結し、学生が作付けから収穫までを行うことにより、食用米ヒノヒカリを栽培している。加えて、学生が日本酒のラベルをデザインすることで、生産部門にも関わっている。

　これらの取り組みによって生産された日本酒は、難読な町名の理解促進を目的に、商品名を町の名前である「平群（へぐり）」と名づけて販売している。この商品は、「普段飲み」に着目し、生産され、道の駅においても販売している。さらに、奈良では、「SAKE × SWEETS」というイベントが開催され、ブランドいちご（古都華）や地酒ケーキ、酒まんじゅうなどを紹介する試みを行っており、6 次産業化を目指す取り組みが展開されている。加えて、一部の清酒

事業者では中国に現地法人を作るなどの試みが行われているなど、海外進出が盛んであり、シンガポールや香港など日本酒の消費が伸びている地域、また、マレーシアや台湾など、今後消費が伸びる可能性が高い地域へ目が注がれている。

　また、「奈良で酒めぐり　酒なら日本酒」として奈良の酒造会社と飲食店が連携する形のイベントが 2014 年より継続的に行われている。このイベントでは、各飲食店で奈良酒と酒肴が 500 円で提供されており、客が「はしご酒」を行うことで、奈良酒と飲食店を知る機会となっている。加えて、このイベントに参加する事業者は、増加しており、期待の高さが伺えるものである。

③奈良における地域内への展開

　奈良においては、その歴史的な観光地としての特長から、地域外への展開が主であり、地域内への展開は少ない。しかし、事例をあげるとすれば、土用粕という、白い酒粕をより発酵させたものがあげられる。土用粕は、茶色く、樽の中で熟成させたものであり、土用の頃に出す。主に奈良漬けに利用され、地元で消費される。この土用粕は、取り置きを行うほど、好評を得ている事例が存在する。

　こうした地域内での展開に関係し、大安寺（奈良市）では、奈良時代に中国の故事にちなみ、境内の竹に注いだ酒を飲み健康を保ったとされる光仁天皇にあやかった行事として「笹酒祭り」が行われている。この祭りでは、青竹の筒に入れた日本酒を飲み、癌封じを祈る「笹酒祭り」が行われており、多くの地域住民が訪れる。また、日本清酒発祥の地とされる正暦寺が 2014 年の大雪による倒木の直撃を受け半壊した際には、チャリティ・イベントとして、「奈良酒縁日」が開催され、その修繕費を、日本酒を通して支援することを目指し、18 の店舗が参加するなど地域と日本酒の関係は深いものであることを示している。

　さらに、地域外に向けて一部の清酒事業者がウォーキング協会と連携し酒蔵を目指す旅を行うなど周遊型の観光を行っており、2014 年に開催された近畿日本鉄道による「酒蔵みてある記」は、約 2,200 人が参加している。こうした取り組みにおいて地域の飲食店に地酒を卸し、連携することで、地域が一体となった新しい可能性を生み出している事例も存在している。

⑵　和歌山における日本酒と地域づくり

①和歌山と國酒文化

　和歌山は世界遺産である熊野や高野山など豊かな自然環境を持ち、良質な水による酒づくりが行われている。古くから日本酒と神社が密接に関わっており、米豊穣への祈念として祭や儀礼に日本酒が活用されてきたことにも関係し、神社およびその近隣において酒造りが行われていた。こうした経緯から、現在においても和歌山には歴史の深い酒蔵が多く存在している。こうした歴史や地域との密接な関わりにも関係し、和歌山市「地酒による乾杯の奨励及び普及の促進に関する条例」や海南市「地酒で乾杯を推進する条例」が存在する。また、和歌山市の乾杯条例は、議員提案により全会一致によって制定されている。

　一方で、和歌山においても、課税移出数量および清酒企業数は減少傾向にある（図 11-3）。県は、中小企業振興条例を 2013 年に制定し、県の責務として、「紀州の地酒等の県産品の利活用に率先して取り組む」ことが規定されており、和歌山における清酒事業者では、日本酒のみならず、県産品である果物などを活用したリキュールの生産を盛んに行っている。さらに、和歌山県は梅の名産地

図 11-3　和歌山県の清酒企業数と課税移出数量
出所：国税庁、清酒製造業の概況をもとに作成。

として知られ、田辺町では、「紀州梅酒による乾杯及び梅干しの普及に関する条例」が 2013 年に制定されている。

②和歌山における地域外への展開

　和歌山においては、イベント開催が活動の中心となっているため、地域外と地域内に向けた取り組みの判別が容易ではない。ここでは、地域外への展開に結果的に結びつくと考えられる事例を取り上げる。

　和歌山では、日本酒だけではなく梅酒の生産も盛んに行われており、これらを地酒として取り扱うイベントが展開されている。日本酒造組合中央会によって 10 月 1 日が日本酒の日として定められ、全国各地で 19 時 30 分に全国一斉の乾杯イベントが行われる中で、和歌山では、これよりも先の 19 時 00 分に和歌山県の地酒で乾杯するイベントである「和歌山県の地酒を楽しむ会」が、2015 年 10 月 1 日に和歌山市内のホテルで行われている。このイベントの共催は和歌山県酒造組合であり、参加する清酒事業者は 12 件である。

　また、2015 年 10 月 16 日、17 日に開催された、日本商工会議所青年部・近畿ブロック大会においても、日本酒のイベントが開催されている。和歌山県内の清酒事業者 7 件が連携し「地酒 BOMBER」と名づけられた店が出店された。この分科会においても、県内清酒事業者による商品開発についての講演や、和歌山城の天守閣において紀州の地酒を飲み比べするイベントが行われている。このように大きなイベントにおいては、県内の酒造会社が協力し、日本酒の振興を図っている。

③和歌山における地域内への展開

　和歌山では、イベントを通じた地域内に向かう取り組みが一部に見られる。例えば 2009 年より、海南市内の酒造会社である中野 BC 株式会社が主催した酒蔵内において、日本酒を飲み比べるイベント「にほん酒 BAR ～日本酒を楽しむ会～」では、地元の料理店と提携し、屋台形式で料理を提供しており、地域との交流の機会としている。また、落語家や地元のプロ和太鼓奏者を招いてのイベントや、市長が訪れ日本酒で乾杯するなど、条例を意識したイベントも開催されている。また、毎年 10 月に中野 BC 株式会社では、梅酒の発表記念イベントである GEKKO BAR を開催している。このイベントにおいても、清酒事業者の酒蔵を活用しており、提供される料理も和歌山市の飲食店と提携し

て実施されている。さらにイベントにおいては地元アーティストを招いてのコンサートを行っている。加えて、毎年12月には、地域の歴史や文化を知ることを目的として、廃屋であった田島漆店旧工場をまちづくりの一環として改修し、地域住民から黒江煉瓦堂として親しまれている建物をメイン会場とする、クリスマスコンサートが開かれている。このイベントにおいても、日本酒バーが開かれ、また、地元有名店による料理の提供も行われている。このイベントでは、紀州漆器の展示即売会が行われるなど、地酒が地域にとって重要な文化の一つとして扱われている。

　岩出市では、1915年に創業した地酒蔵である吉村秀雄商店を中心として、イベントが盛んに行われている。2ヵ月に1回開かれる「「日本酒にしろ!」の会」では、日本酒に関する知識や話を聞き、日本酒になじみを持つ機会を提供している。また、この商店では、酒蔵見学を積極的に実施し、合わせて日本酒を提供することで、日本酒の普及に貢献をしている。また、この酒蔵見学は、田植え会や倉庫を貸し出し、そこで福市やコンサート、ライブペイント[6]も開催している。

⑶　与謝野町における日本酒と地域づくり

①与謝野町における日本酒と文化

　与謝野町(京都府)は、2006年に加悦町および岩滝町、野田川町が合併し誕生した町である。過疎化および高齢化が進んでおり、1970年代には約2万8,000人ほどだった人口が現在では約2万3,000人まで減少している。

　地理的特徴として与謝野町は、大江山の麓に位置し、良質な水と昼夜の温度差が大きいことなどから農業が盛んである。加えて、丹後ちりめんを代表とする織物業が存在する。大江山は、酒呑童子の伝承でも登場し、絵巻や能、浄瑠璃などで知られる。

　与謝野町には、谷口酒蔵と与謝姫酒蔵の2件の清酒事業者が存在し、いずれも与謝野町をはじめとする京都府下で生産された米によって酒造りが行われている。その日本酒の多くは、地域内で消費されるほか、京都をはじめとした畿内に出荷されている。

　与謝野町における乾杯条例(与謝野町地酒の普及の促進に関する条例)は、「本

町の伝統産業である地酒による乾杯の習慣を広めることにより、地酒の普及を通した日本文化への理解の促進に寄与すること」が目的とされており、地酒に特に着目している。

　与謝野町における乾杯条例制定の背景には、地域の過疎化や社会的状況が関係する。すなわち、与謝野町の人口減少に伴い、スナックなどの飲食店の閉店が見られ、日本酒の消費も減少傾向にある。この乾杯条例は、地域文化である日本酒を象徴的に捉え、その保持という視点に立っていると言えよう。また、この乾杯条例は、議員立法として、議員により立案され制定された。委員会では、満場一致で決まったものの、清酒事業者などの現場においては「どうしたら良いのか分からない」と戸惑いの声があったとされる。すなわち、他地域の事例に追随する形で制定された背景がある。また、商工会に対するヒアリングによれば、町内での乾杯条例に対する認知は低い状態にあり、存在すら知らないという町民がほとんどであるとされた。

②与謝野町における地域外への展開

　若年層のニーズが日本酒からリキュールや焼酎にシフトしていることも関係し、清酒事業者では、清酒から大吟醸、吟醸などの高級化・ブランド化が進められ、近隣の観光名所でもある天橋立などで観光客向けに販売が行われている。また、インターネットによる販売を行っているがごく一部であり、地域外への展開は大きくはない。

　与謝野町を含む丹後地方の清酒事業者約 10 件が毎年、参加し、丹後地方の地酒と料理を合わせて味わうことができるイベントとして丹後地酒まつりがある。2015 年には、第 6 回目の開催となっている。

　このイベントでは、バーテンダーによる日本酒カクテルや聞き酒大会といったイベントが開催され、若者や日本酒になじみの薄い客層に対しても、訴求を図っている。また、入場料を支払うことによって、酒の試飲は何度でもできる。また、料理は食券制になっていることからも、個人のニーズに合わせて、気軽に楽しむことができると言えよう。また、北近畿タンゴ鉄道が後援し、会場への移動を促している。また、丹後地酒まつり後の周遊につながる試みである。

　また、「海の京都酒蔵めぐり」が京都府北部 7 市町（福知山市、綾部市、舞鶴市、京丹後市、与謝野町、伊根町）において、実施されている。主体である海の京都

観光推進協議会は、京都府と京都府北部7市町、観光協会、商工会議所などによって構成され、情報発信や試飲のみならずイベントへの出展の支援事業などを行っており、天橋立の近隣にプラットフォームとして拠点を開設し、各酒造の情報を一元的に提供している。また、酒蔵めぐりツアーの造成などを図っている。この地域は、小規模な酒造会社が多く、多様な店舗が存在する。加えて、羽衣天女に関する伝承や伊勢神宮に酒を伝えたとする文献が残り、酒との関わりは歴史的にも古い。地域の食文化や自然、歴史などの資源を活用し、観光交流を促進による地域活性化を目指しており、官民一体となった展開がなされている。

③与謝野町における地域内への展開

近年では、与謝野町の酒造会社や商工会などが物産展などに出展することは少なく、外に向けて売ることではなく、基本的に、地域で生産し、地域で販売するという形に力を入れており、地域と清酒事業者の関係性は深い。

加えて、自然循環型の農業が町により推進されており、有機肥料である「京の豆っこ」を使い栽培された丹後コシヒカリ（京の豆っこ米）に力を入れている。「京の豆っこ」は、豆腐工場で副産物として生まれたオカラや魚のアラ、米ぬかなどを肥料として作られている。加えて、農法として浅水代かき（あさみずしろ）による水田整備を行うことが推奨されている。また、「清酒・与謝野機神」の名前で、「京の豆っこ米」を使用した日本酒が販売されている。こうした農業による環境配慮のみならず、与謝野町・天橋立を守る会などが環境学習などにも取り組んでおり、環境意識の高い地域であると言えるだろう。

また、大手清酒事業者が一般的に消費に苦慮している酒粕は、与謝野町では、奈良漬けや粕汁などの生活に直結した料理などに活用するために住民が清酒事業者、酒蔵に直接、買い付けにくる。そのため、破棄されることはほとんどなく、域内での資源循環へと結びついている。

5. 考察

乾杯条例は、そもそもの目的として、自治体が地域内において日本酒や酒蔵を文化とし位置づけることを目指しており、比較的、地域外に展開するより、

地域内への方向性を重視したものである。

　本章では、乾杯条例に関する事例研究として、奈良および和歌山、与謝野町において行い、その際、各地域での取り組みを、①地域外への展開、②地域内への展開、の二つの視点から分析を試みた。その結果、三つの地域それぞれに特有の傾向性が浮かび上がった。

　奈良の事例では、地域外に向けた中国への進出や企業との連携など先駆的な試みが積極的になされている。その理由としては、奈良県は全国有数の歴史的観光資源を数多く抱えており、日本酒に限らず、歴史的にもさまざまな領域で地域外への展開が図られている。例えば、清酒事業者、酒蔵の存在する地域のみならず、世界をターゲットとすることで清酒事業者、酒蔵の発展へと結びつけていることや、他業種との連携によって地域外からの顧客獲得やインバウンドを促していることがあげられる。清酒事業者においても、経営戦略として、自律した展開がなされており、地域の清酒事業者、酒蔵としてではなく、世界に向けた取り組みへと意識が形成されている。加えて、大学や研究機関との連携も盛んに行われており、新たな試みにつながる風土が構築されていることに特長がある。

　一方で、和歌山における日本酒に関係した取り組みは、イベント展開が中心となっており、地域外・地域内への色合いは濃く表れていない。その展開は、畿内を中心とした国内市場に着目し、酒蔵見学で日本庭園の見学とセットで行うなど、酒蔵ツーリズムとして国内観光との連携に國酒を活用している事例が見られる。また、地域内の果物を活用したリキュールなど日本酒という商品の枠組みにとどまらない開発などが見られる。加えて、地域内での顧客確保やコミュニティ形成に向けて、地元との連携が盛んであり、地域資源である旧工場を改修するなどの試みがなされている。

　他方、与謝野町では地域外への展開は大きくなく、地域内での消費に着目し、地産地消など地域色を強めている。外部に対しても、通販などで購入するのではなく、清酒事業者、酒蔵を実際に訪れて購入することが、地域の風土を知るきっかけとなり、日本酒への理解とつながり、リピーターの確保へとつながることが考慮されている。こうした草の根とも言える活動は、地域住民にとっても、良質な水が存在することや、農業資源が豊かであることを再認識すること

で地域の誇りを獲得するなど、与謝野町の地域づくりにおいて重要な役割を果たす可能性を有している。

　以上により、乾杯条例が、その目的の主として地域内への展開を目指している一方で、地域における実際の展開は、地域内以上に、一般的には地域外へ向かう傾向が強いと考察される。特に都道府県の施策は県内産業の発展を標榜している関係上、強く外に向かう傾向が見られる。他方で、市町村レベルでは、与謝野町のように地域内を色濃く目指す事例も存在しており、条例の運用は多様である。

　いずれにせよ、日本酒の消費低迷による清酒事業者、酒蔵の閉鎖などが各地で起きていることに対し、さまざまな取り組みが行われ、対策の一つとして乾杯条例が制定されていることは明らかである。加えて、一定の土壌が形成されている地域においては、特に、乾杯条例が意義あるものとして価値を見出しはじめている。また、乾杯条例の有無にかかわらず、全国的に酒造会社と飲食店が合同に実施するイベントが見られ、地域において、日本酒文化を守り、上述の土壌を作り出す試みが広がっていると考えられる。

　自治体は乾杯条例という契機によって、清酒事業者や飲食店のみならず、住民の連携促進につながる可能性を有しており、地域の文化である日本酒に関係した域内での対話を促すことで、その一歩となり得る。また、地域においては、酒粕を清酒事業者、酒蔵に直接買い付けに来る住民も多く、環境循環が意図することなく自然と行われており、清酒事業者、酒蔵の存在が、資源循環に貢献している。こうした動きは、誰の負担にもならず、ステイクホルダー全員にプラスの効用をもたらすものである。

(1)　日本酒を酒税法における清酒および清酒に類似する合成清酒、どぶろくなどの醸造酒、アルコール度数以外において清酒の要件を満たす酒と定義づける。
(2)　酒蔵ツーリズムは、酒蔵の見学や造酒の体験、関連したイベントなどを中心として、酒蔵を巡り、地域住民と関わるものであり、代表する地域として佐賀県鹿島市や山形県天童市、京都府伏見区などがあげられる。国土交通省（2016）「酒蔵ツーリズム」に詳しい。
(3)　國酒とは、日本酒に加え、ワインや焼酎、梅酒などの広範にわたる日本において生産された酒と定義づける。
(4)　牛乳に関する乾杯条例として北海道中標津町「牛乳消費拡大応援条例」があげられる。また、茨城県小美玉市や栃木県那須塩原市が制定を検討している。

⑸　お茶に関する乾杯条例として、福岡県うきは市「お開きは、うきはの茶で乾杯条例」が
　　あり、宴会等における最後の乾杯として他の乾杯条例と一線を画している。
⑹　パフォーマンスアートの一種であり、絵を描く過程により芸術表現を行う。ライブペイ
　　ンティングとも言う。

【参考文献】

井上芳郎（2008）「地域ブランドの果たす役割についての実証的理論的研究：豊岡鞄および
　　播州織のブランド化戦略」，流通科学大学『流通科学大学論集―流通・経営編―』，第 20
　　巻，第 2 号，167-191 頁。

長村知幸（2012）「ワイン・クラスターの形成過程に関する予備的考察：クラスター理論の
　　批判的検討」，『経営行動科学学会年次大会 発表論文集発表論文集』，経営行動科学学会，
　　第 15 号，298-303 頁。

黒田重雄（2007）「地域ブランド活発化の背景とそこにおける若干の問題点」，『北海学園大
　　学経営論集』，北海学園大学経営学会，第 5 巻，第 1 号，57-69 頁。

国土交通省（2016）「酒蔵ツーリズム」
　　https://www.mlit.go.jp/kankocho/shisaku/kankochi/sakagura.html
　　（最終閲覧日 2021 年 6 月 15 日）

東野友信・木下光・丸茂弘幸・前谷吉伸（2005）「灘五郷における酒蔵建築の変容：酒造空
　　間研究 その 1」，『学術講演梗概集．F-1，都市計画，建築経済・住宅問題』，日本建築学
　　会，531-532 頁。

本章は、公益財団法人 江頭ホスピタリティ事業振興財団 平成 27 年度研究開発助成
　　事業（日本酒を活用した地域環境資源の創造に関する研究）により作成した以
　　下の論文をもとに加筆・修正したものである。

井上和久・堀彰穂・友成真一（2016）「乾杯条例を活用した地域創造に関する研究」，『研究
　　論文集「地域活性研究」』，第 7 号，30-38 頁。

第12章 地域資源と地域コミュニティの活性化

井上　和久・友成　真一

1. はじめに

(1)　研究背景

　日本列島は豊かな自然風土に恵まれ、四季が豊かな土地である。弥生時代に稲作が広く定着し、その後、日本酒造りも始まったとされている。日本各地で米が作られ、そして日本酒も盛んに造られるようになり、日本酒は地域の味の集大成とも言えるものとなった。

　酒の存在は、平城京においては朝廷の政に使う酒として認められる。また、朝廷の儀式や制度にも登場し、その習わしについて『延喜式』という10世紀の書にも記載がある。香西（2009）によれば、造酒司は酒造りを専門とし、年間5万4,000リットルもの酒を造ったとされ、上納された各地の米を白殿においてつき、酒造を行った。

　日本において、近年、日本酒の輸出拡大が推進されている。欧米を中心とした諸外国においても日本食の人気から日本酒への興味関心が高まりを見せている。さらに地域で生産されたものが商品として輸出され、都市部の市場へと進出しており、商品の生産地域において、まさに生産の根幹を支えているコミュニティの現状に対し、注目が集まっている。例えば、国による政策を見ても、内閣官房は2012年に「國酒等の輸出促進連絡会議」を設置し、「國酒など輸出

促進プログラム」における酒蔵ツーリズム創造による地域活性化を謳うといった、地域創造の方向に踏み出している。これは、持続的な日本酒の保持・拡大はもちろんのこと、地域との連携が必須であるとの考えが基礎になっていると言える。また、その例として、福井県においては伝統工芸である越前漆器によって日本酒を提供する事例があり、「うるし」を通して周辺の地域への波及効果をも生み出している。

(2)　地域資源に関する既存研究

　地域資源の活用の先駆的活動として大分県による一村一品運動があげられる。1979年において、大分県の平松守彦知事（当時）が自治行政連絡懇親会において提唱したものである。助成金の交付を中心的施策として行わず、人材育成などの環境の整備に重心をおいた住民の自主性に委ねる政策として実行されたものである。大分県一村一品運動推進室（2000）によれば、運動開始当初143品目、358億円程度であった特産品の販売額が、1999年には319品目、1,416億円程度まで成長している。

　この一品一村運動に関係し、大矢野（2001：2002）は、活動が持続的に成長するために地域の自然環境と社会水準における許容範囲を示した。吉田（2006）は、地域産業のキーパーソンの重要性を指摘している。また、平池（1993）は、地域革新の観点から地域におけるイノベーターの存在を重要条件として取り上げている。これらについて保母（1990）は、一村一品運動が地域おこし運動論として過疎地域に与えた影響を経済理論のみには当てはまらないものとしている。

　さらに、地域資源の活用は、「地域産業の推進」という視点から検討されており、住民による地域づくりとの関係は決して強固とは言えない状況にある。すなわち、地域資源を活用した地域づくりは、住民におけるコミュニティの活発化においては、期待の中心ではない状況にある。また、「地域産業の推進」というフレームから当該地域内では、経済的な成功をおさめる者の影で関係者間の競争や分断が生じていることが考えられる。

　一方で、地域資源は住民の生活から組成される営み・生活などからなる文化を基軸にしていることは言うまでもなく、地域コミュニティにおいても重要な

役割を果たすと考えられる。そのため、本章では地域資源の活用における地域コミュニティに対する影響を明らかにすることを目的とし、歴史的な地域資源としてその地域で生産される日本酒に特に焦点を当てる。なお、「地域コミュニティ」を「地域住民の生活に関係した行政、産業、団体などの有機的な連携」と位置づける。

　また、日本酒の定義として、包括的に泡盛や焼酎、みりんなどを含む場合がある。本章では、日本酒の定義を酒税法における清酒および清酒に類似する合成清酒、どぶろくなどの醸造、アルコール度数以外において清酒の要件を満たす酒に限るものと定義づける。清酒の定義について酒税法 3 条 7 項では、必ず米を使うことや「こす」工程行うことなどが規定されており、これに準拠する。

2.　伏見地域と酒の歴史

　京都市伏見の名前は「伏水」に由来する。豊かな水に恵まれた地域であり、伏見の御香水（御香宮神社）は日本名水百選に選ばれていることもあり、伏見の日本酒製造業者はこの水系を使って酒造りをしている。京都市伏見は、歴史的にも酒造りにより栄えた土地柄であり、日本を代表する大規模日本酒製造業者から中小規模の日本酒製造業者まで幅広く酒蔵が軒を連ねる。また、観光名所として酒蔵や日本酒製造業者にとどまらず、寺田屋騒動や鳥羽伏見の戦いといった歴史的な地域資源が点在している。

　伏見は大阪へ流れ下る桂川・宇治川・木津川の三河川の合流点にあたる。この地では豊臣秀吉が伏見城の建設を始め、1594 年に伏見城下整備として、河川の大規模な工事を行い、伏見港となった。

　伏見港の完成により、この地区は大阪との水運の拠点となった。そして、高瀬川との接続によって伏見は京都との結びつきを強固なものとし、飛躍的な発展を遂げることとなる。さらに、江戸時代に入ると、伏見は幕府からの援助もあり、港町として発展した。商人の共同出資による伏見三十石船が登場し、港は水運機能を高め、伏見と大阪との交流が盛んになる。交易だけではなく、多くの旅人が伏見港から上陸し、京における人の流入の玄関となったことから、

伏見の日本酒は人々の間で味が良いと口コミを介して売り上げを伸ばしていった。

　こうした港の水運機能の向上が、その沿岸に多くの問屋を呼び寄せ、さらに水運量を向上させることとなる。江戸時代の最盛期において、伏見は約4万人の人口を有し、加賀百万石として名高い金沢の人口約3万人を超えており、伏見の日本酒生産は、伏見港の発展とともに拡大した。しかし、江戸時代後期には日本酒の製造は衰退している。日本酒造りには米と水を大量に使うことが原因であり、当時、米は国民の主食として貴重なもので、幕府は豊作と凶作による米の価格の変動に対して敏感であったことに関係する。そこで、この物価の変動を防ぐため、酒造りのためにも使われる米の量を制限したことから、多くの日本酒製造業者は経営困難になった。また、兵庫の灘や伊丹、そして大阪の池田を江戸幕府直轄の酒造地と指定し、手厚い保護政策を行ったあおりを受け、伏見で作られた酒が京の都に入ることが禁止され、伏見の日本酒製造業者は減少の一途をたどった。

　幕末の寺田屋事件や鳥羽伏見の戦いの影響により、伏見は大きな被害を受けたが、明治における蒸気船の導入により、伏見の経済は回復する。京都の水路網はさらなる発展をし、琵琶湖疎水によって滋賀県の琵琶湖とも接続していた。琵琶湖疎水は山々を貫いているため、水運ルートの途中、水路落差が生じてしまう。船は急な傾斜を下ることができないため、ケーブルカーの原理による鉄道によって滋賀県と京都府を結んでいた。この産業用ケーブルカーであるインクライン（産業用に建設された鋼索鉄道）の開通と、琵琶湖疎水が伏見港まで接続することが重なり、船運による輸送量は急激に伸びることとなった。この琵琶湖疎水との接続により、大津から米・砂利・木材・煉瓦を京都に渡し、京都からは薪炭などを大津に渡していた。しかし、鉄道などの陸上交通機関の発達とともに、水運の機能は衰え、伏見港も衰退する。

　こうした一方で、明治期に日本酒製造業者に科学技術の導入が進み、樽詰全盛の時代に防腐剤を使用しない瓶詰を販売したことや、店売りから販路の拡大として駅売りの酒として一部の日本酒製造業者が販売を始めたことから伏見の酒はより名前が知られるようになった。このように伏見地域において、日本酒は地域の文化として古い歴史を有しており、産業として発展した影には試行錯

誤の歴史が存在している。さらに、伏見港や駅などを通じた地域外住民との関係性が色濃い地域でもあったことが伺える。

3. 伏見地域における地域資源を活用した地域コミュニティの活発化

(1)　伏見地域における地域づくりの現状

　日本酒製造業者は歴史的に古く、地域において大きな影響力を有していると考えられる。伏見の多くの酒販店において地酒が販売されており、日本酒製造業者名が大きく書かれている店前の自動販売機は一つの風景となっている。一部店舗においては、店名よりも日本酒製造業者の名前を大きく看板にあげている所も存在する。また、昔から日本酒を取り扱う居酒屋の看板や暖簾、そして従業員が使う前掛けにもその広告が入っている。現在は全国の居酒屋や日本酒バーにおいて、日本酒製造業者の広告の入った前掛けがファッションの一部として用いられており、日本酒という地域文化をアピールするものへと発展している。

　こうした伏見地域における日本酒は歴史的に環境づくり、特に「水」と関係して進められてきた。1928 年に桃山丘陵の下を通過する地下鉄計画が検討された際には、伏見酒造家集会所（現：伏見酒造組合）が学識経験者に地下水の調査を依頼し、「地下水枯渇の危険性」が報告され、その結果を得て大蔵省や陸軍省などを説得し、地下鉄が高架軌道に変わったという歴史がある。

　また、1978 年には「伏見地下水保存委員会」が発足し、1980 年に京都市へ「伏見区内における地下工事を伴う建築工事」の実施に関して、伏見酒造組合に相談するべき旨の要望書を提出し、以後の地下工事を伴う建築工事においては、伏見酒造組合が実施者・設計者・施工者を交えて協議を行っている。

　伏見区においても、基本計画で『水と緑と温もりでひらく都市』を標榜しており、地域コミュニティの活発化に向けて、イベントや祭りなどを支援している。また、「京の川再生」事業や伏見の名水 PR など、「水」を強く意識している。加えて、歴史環境を活かしたまちづくりとして「酒蔵の保全・再生、活用に向

けたまちづくり活動への支援制度の検討」があげられており、日本酒および関
係した地域資源への注目が高いことが伺える。

　また、環境意識の醸成として、伏見区では 2003 年から 2006 年までリサイク
ル・フリーマーケット「伏見リサイくるっとフリマ」を実施している。加えて、
2007 年から 2008 年には環境啓発イベントである「伏美 eco 市（フシミエコイチ）」
を実施している。

(2)　地域資源を活用した地域コミュニティの活発化に向けた取り組み

　2013 年に伏水・蔵まち懇話会（行政・関連企業・学識経験者・農家・地域団体
等による）が組織され、その成果として「伏水をつなぐ酒蔵のあるまちづくり
提言」をまとめている。提言では「①オール伏見のブランド酒づくり」「②日
本酒と京野菜のマッチング」「③竹・木を利用したまちづくり」「④伏見の名水
をキーワードとして、豊かな資源や産業を活用したまちづくり」があげられて
いる。この提言から酒造を酒造会社のものとして捉えるのではなく、行政、農
家、飲食店、住民などを巻き込んだ地域コミュニティの連携が拡大へと向かっ
ていると考えられる。

　「環境と酒造」という観点から「伏見酒そば」という事例を取り上げること
ができる。「酒そば」とは、そばの製麺において、酒粕を練り込み、酒粕の香
りや風味を楽しむものである。酒造りにおいて、酒粕は副産物として生産され、
処理に苦慮しており、多くが産業廃棄物として処理されているが、近年の健康
ブームから、酒粕も注目を浴びた。そのため、テレビやインターネットで酒粕
を使った料理のレシピが多く公開されている。しかし、副産物として排出され
る量が膨大なため、酒粕の多くを消費できているとは言いがたい状況にある。
これに対して、伏見地域のそば屋が伏見酒そば販売店と連合を組み、酒粕の新
しい消費を促している。

　加えて、伏見大手筋商店街振興組合と伏見酒造組合が主催し、「伏見の清酒
まつり in 大手筋商店街」を開催している。京都を代表するアーケード型の商
店街である大手筋商店街において、飲食 20 店舗以上が清酒に合わせた食事を
用意し、17 の酒蔵が提供する日本酒を 1 杯から購入でき、伏見地域の日本酒
を改めて知る機会を作り出している。こうした取り組みは、地域外から訪れる

観光客のみならず、地域コミュニティへの展開に好影響を与えていると考えられる。

(3)　伏見地域における新たな連携

　伏見地域では、「伏見・Art フェスティバル」や「伏見＋ART」、『伏見稲荷ガイドマップ』・『伏見おもてなし手帳』・『ふしみの粕汁』の作成、「まちあるきツアー」の実施など地元の芸術系大学の参画による新たな地域コミュニティの活発化が見られる。

　「伏見・Art フェスティバル」や「伏見＋ART」では、大学と伏見地域の 7 商店街が連携している。7 商店街では、若手の店主から構成される「F7 プロジェクト」というワーキングチームが組織され、地域コミュニティの活発化が促されている。例えば、商店街におけるアーケードに、垂れ幕のようなプレートを設置し、学生の制作した店主の似顔絵や店名を展示するプロジェクトのほか、店舗のシャッターに学生がペイントを行い閑散とした雰囲気を打破する試みが行われている。また、『伏見稲荷ガイドマップ』の作成には、大学と伏見区役所が協力しており、伏見稲荷大社や JR 稲荷駅・京阪伏見稲荷駅などで配布されている。このガイドマップは、参拝の方法や和式トイレの作法、ゴミ捨てのルールなどが 4 コマ漫画形式で紹介されており、中国語・英語・スペイン語版が作成されている。また、『伏見おもてなし手帳』や『ふしみの粕汁』においても地域との連携が強く示されている。

　こうした取り組みは地域コミュニティの活発化に向けて新たなあり方を示していると考えられる。学生にとっては学修成果を発表する場として伏見地域が活用されており、伏見地域にとっても地域課題の解決に寄与するものである。加えて、学生の参画は、地域に「活気」を与えており、今後の新たな展開を誘発する可能性を有していると考えられる。

4.　考察

　日本における地域資源を活用した地域づくりは、一村一品運動をはじめとして多様な形で展開されてきた。しかし、これらは産業振興というフレームによ

るものであり、「地域コミュニティ」を考慮したものを主として捉えるものではないと考えられる。つまり、トップダウン型の産業振興としての側面があったと考えられる。しかし、こうした手法は地域性を欠くものや一過性の産業振興となるケースが多く、より地域に根ざした方法論が求められると考えられる。そのため、本章では「地域コミュニティ」という観点からボトムアップ型の振興として、地域資源がどのような影響を及ぼすのかを伏見地域を事例に検討してきた。

　伏見地域では、歴史的に「水」という地域資源が重視されており、日本酒文化もこれに強く関係する。伏見地域では、歴史的にも日本酒に関わる歴史が深く、地域外との交易の関係から、地域外を巻き込んだ多様なアクターが関わっている。それは、伏見運河を通じて交易をしていた時代から比べ、今や伏見の日本酒は、日本全国のみならず、グローバルに知られるようになっている。すなわち、ブランドとしての伏見の日本酒は拡大の一途をたどっていると考えられる。また、酒派生商品は多様な広がりを見せており、前掛けや酒粕のリサイクルという形で表出している。例えば、その取り組みの特徴的な事例として、「酒そば」における連携をあげることができるだろう。本事例においては、今まで破棄していたものに対し付加価値をつけることで社会的価値を生み出しており、売り上げの増加ばかりではない効果を生み出している。

　伏見における代表的な観光地として伏見稲荷大社は、外国人を中心として非常に人気が高い。一方で、伏見には伏見稲荷大社を除けば目立った観光資源は少なく、新たな手法を模索していると考えられる。近年、オルタナティブツーリズムとして「営み」に着目した観光手法が注目を集めており、日本酒に関係した「営み」は、新たな価値として社会的にも注目を集める可能性を有している。

　しかし、日本酒に関係した個別の取り組みに対する住民の認知度は低い状況にあり、地域住民の生活との関係の薄さが考えられる。すなわち、住民にとって自らの属する地域コミュニティとの関係が認識されず、少人数のキーパーソンによる活動として一時的な盛り上がりとして風化する可能性も有している。近年では、「伏見の清酒まつり in 大手筋商店街」など伏見の魅力を再発見することを促すイベントが果敢に行われており、こうしたイベントは、新規の観光

客を呼び込むという観点のみならず、地域住民が地域を再発見できる機会となっており、地域コミュニティの活発化に向けて実践的な試みとなっていると考えられる。

　また、地元の芸術系大学の取り組みのように、大学、とりわけ学生という新たなアクターの出現は、他のアクター同士の関係の創造に新たなエネルギーを与えていることがあげられる。こうした学生の参加は、地域住民の対話を促す作用があると考えられ、今後の地域コミュニティの活発化にとって好ましい影響を与える可能性を含んでいる。

　これらを踏まえて、伏見地域では「日本酒」や「水」という地域資源をもとに地域コミュニティが活発化していると考えられる。また、地域資源の存在が断片的になることなく、継続的に活用されていることが特徴であると考えられる。すなわち、産業が文化となり、文化が産業となっていると捉えることが可能である。

　産業が文化になるという点に着目した場合、地域コミュニティにおいて「日本酒」という産業を地域資源として取り込むことで、住民が地域の独自性を確認するものとなり、継続的に活用することで、住民における地域の再発見や多様なアクターの活動を推進している。加えて、住民における地域の再発見は、地域コミュニティの活発化に強く貢献すると考えられ、こうした文化が新たな産業へとつながる可能性が含意される。つまり、地域課題に対して地域資源を活用していると捉えることができ、地域の文化を捉え直すことが今後より重要になると考えられる。

【参考文献】

大分県一村一品運動推進室（2000）『一村一品運動調査概要書：データ編』，大分県。
大矢野栄次（2001）「一村一品運動の経済的帰結：それは「一損一貧運動であった」」，『産業経済研究』，第 42 巻，第 3 号，513-537 頁。
──（2002）「一村一品運動の経済的帰結Ⅱ：大山町の経験を事例として」，『産業経済研究』，第 43 巻，第 2 号，235-255 頁。
環境省「環境省認定名水百選」（2014. 6. 28 確認）
　　https://www2.env.go.jp/water-pub/mizu-site/meisui/data/index.asp?info=54
香西みどり（2009）「日本の米と食文化」，『比較日本学教育センター研究年報』，第 5 号，63-73 頁。

平池久義（1993）「大分県における一村一品運動について：地域革新の視点から」，『産業経営研究所報』，第 25 号，93-149 頁。

保母武彦（1990）「内発的発展論」，宮本憲一・横田茂・中村剛治郎編『地域経済学』，有斐閣，327-349 頁。

吉田健太郎（2006）「焼酎産業の発展過程と地域イノベーション」，松井和久・山神進編『一村一品運動と開発途上国：日本の地域振興はどう伝えられたのか』，アジア経済研究所，91-120 頁。

本章は以下の論文をもとに加筆・修正したものである。

井上和久・友成真一（2017）「伏見における日本酒を活用した地域コミュニティの動き」，『自治体学』，第 30 巻，第 2 号，50-54 頁。

第13章 文化資源を活用した観光まちづくり指標の検討

井上　和久

1. はじめに

　日本における地域社会は、少子高齢化や過疎化など深刻な問題を抱えており、高度経済成長後、地域産業の衰退や行政の資金難など多くの課題が噴出している。また、地方行政におけるトップダウン型の産業振興からの脱却が強く期待されている。こうした状況は観光まちづくりにおいても同様であり、文化資源の活用は、多くの地域で多様に展開されており、ボトムアップ型の地域づくりとしてコミュニティを活性化する効果が存在すると考えられる。

　他方で地域における政策および施策の立案においては、地域の現状を把握し、政策・施策に関する指針を戦略的に検討することが求められている。そこでは指標を活用することにより、地域におけるその水準や変化を認識することや、迅速な政策・施策の立案および実施に反映することが期待されている。

　こうした指標の一つとして、人口や経済規模、公共施設の面積などを用い、地域間比較を行うものがあげられる。これは他の地域より劣った状況にある項目に対し、予算を拡充する理由づけとなり、公共投資の拡大を支える重要な役割を担っていると考えられる。しかし、高度経済成長後の地域社会では、公共投資の拡大は難しい状況となり、さらに住民のニーズも量的な拡大から質の向上へと変化している。すなわち、社会的な変化が生じたことから新たな指標が必要となっている。

　観光まちづくりは、これまで地元企業や旅行会社などが中心となり展開されてきたが、2003年のVJC（Visit JAPAN Campaign）の実施や、2008年の観光庁の設置、さらには近年のDMO（Destination Management Organization）に関する議論からも見て取られるように、多くの自治体が観光に関する施策を打ち出すようになっている。さらに、自治体による地域づくりに関する議論は1998年の中心市街地活性化法の施行や2006年の改正まちづくり三法などにも密接に関係し、「選択と集中」という方針のもとで多様に展開されている。なお、中心市街地活性化基本法は、自治体が指定した中心市街地の活性化を目指すものであるが、この要件として進捗状況を定量的に評価する指標を設定することが義務づけられている。ここでも、観光系施設への入込客など観光に関係した指数が見られる。

　観光まちづくりが多様に拡大するとともに、これら地域を包括的に評価することは、要素の同定という視点からも難しく、課題となっていると考えられる。観光まちづくりについての指標に関する先行研究としては、平田（2017）による地域ブランディングに関するものや、外村（2013）による観光地の持続可能性の評価に関するもの、寺崎ら（2017）による奥日光を事例とした持続可能性指標と観光管理に関するものなどがあげられる。

　また、上述のように観光まちづくりと密接な関係を有すると考えられる地域づくり指標に関する先行研究として、北原（1999）は、参加型まちづくりを対象として、マネジメントの観点からPOE（Post Occupancy Evaluation）という建築計画の評価システムをもとに検討を行い、技術系要素と機能系要素、行為系要素を提唱している。また、世古（2001）は、住民参加を対象として、価値指標を軸に、評価の方法と課題について指摘している。加えて、Pekkanen（2006）は、日本の市民社会の構造を「国家の構築した政治制度が、直接・間接に市民社会に大きな影響を与えている」と指摘している。すなわち、欧米先進国とは異なり、行政による施策が一定の影響をコミュニティに与えることが想定される日本における観光まちづくりの評価には、地域ごとに一定の独自性が必要となると考えられる。

　さらに文化資源は文化や伝統などの住民の意識から組成されており、コミュニティの活発化に向けた効果をもつと期待される。そこで本章では、試論とし

て文化資源を活用した観光まちづくりの指標の構築を行う。

2. 文化資源を活用した地域づくりに関する検討

⑴　文化資源を活用した地域づくりの状況

　2004年に、国際連合教育科学文化機関は「創造都市ネットワーク」を発表しており、文学・映画・音楽・工芸・デザイン・メディアアート・食文化の7分野の特色ある都市を指定している。創造都市ネットワークに認定された国内の都市を**表13-1**に示す。しかし、日本において、国際連合教育科学文化機関の事業の一つである世界遺産に注目が集まる中で、創造都市ネットワークは、知名度が低い状況にある。

表13-1　日本の創造都市ネットワーク認定都市

加入年	都市	区分
2015	篠山市	クラフト＆フォークアート
2014	鶴岡市	食文化
2013	札幌市	メディアアート
2009	金沢市	クラフト＆フォークアート
2008	名古屋市	デザイン
2008	神戸市	デザイン

出所：筆者作成。

⑵　文化資源を活用した地域づくり指標

　文化資源を活用した地域づくりに関係した指標として、佐々木（2007）は金沢を創造都市として着目し、その因子を職人気質や自律性の高い経済構造、技術の高さ、流通システム、伝統的町並み、教育機関、博物館などから創造性・持続性指標を提示している。また、Florida（2002）による創造性指数（Creativity Index）では、創造的階級が好むとされる地域の生活態度や道徳的慣習、社会的環境に着目し、経済的成長と関係が深い指数を用いて、地域の創造性を測る

創造性指数 (**表 13-2**) を提示し、北米の 50 都市と世界各国の評価を行っている。

　Florida (2002) に関係するものとして、北海道未来総合研究所 (2007) による RCDI (Regional Creative Economic Index:地域創造性開発指標) があげられる。これは、地域の「豊かさ」を創造性としたうえで、人的資本および社会資本、環境資本の三つをもととして指標を構築している。

　しかし、**表 13-3** で示すように、この指標では、1〜10 位において、東京都や大都市部における地域が取り上げられている状況にあり、地域の偏りが見られる。これらは、地域特性を一義的に評価していると考えられ、課題が残ると考えられる。

表 13-2　創造性指数

分類	指数
Talent	Creative Class
	Human Capital Index
	Scientific Talent
Technology	Innovation Index
	High-Tech Index
Tolerance	Gay Index
	Bohemian Index
	Melting Pot Index

出所:Florida (2002) をもとに筆者作成。

表 13-3　RCDI による都市の評価順位

順位	都市	順位	都市
1	府中市 (東京都)	6	松本市 (長野県)
2	特別区部 (東京都)	7	吹田市 (大阪府)
3	調布市 (東京都)	8	豊田市 (愛知県)
4	町田市 (東京都)	9	八王子市 (東京都)
5	平塚市 (神奈川県)	10	富山市 (富山県)

出所:北海道未来総合研究所 (2007) をもとに筆者作成。

3. 地域づくり指標の分析

　地域づくりに関する指標は、地域資源によって多種多様な定量的評価に基づいた指標が存在する。そのため、本章では、代表的な地域づくりに関する指標を取り上げ検討した上で、その手法の分類化を行う。

(1)　行政による地域づくり指標

　日本における高度経済成長期（1954～1973年）において自治体の多くは、経済的な価値を基準とした指標を主に用いていた。例えば、「県民1人当たりのGNP」を「国民1人当たりのGNP」に近づけるための政策目標が設定されたことなどがあげられる。

　また、今日においても一般的に活用されている国の指定統計による指標があげられる。これは、国勢調査による人口や、事業所・企業統計調査による事業所数、従業員数、商業統計による年間商品販売数、工業統計による製造品出荷額、教育統計による学校数などを用いるものである。また、資源ゴミのリサイクル率や、財政力指数、下水道普及率など、行政施策一般を取り扱う指標が存在する。これらの指標は、都市間比較を容易にし、地域の全国的な水準を明らかにしてきた。すなわち、全国において均衡ある国土の発展を図るための指標として活用され、効果を示したと考えられる。

　こうした一方で、公害問題の顕在化などによって、住民による生活の質に対する関心が高まり、GNPを主とした指標から、非経済的な豊かさを含めた社会指標へと変化してきた。経済企画庁社会福祉指標会は、1971年に「社会評価—よりよい暮らしへの物さし」を公開し、さらに1974年には第5次国民生活審議会が「社会指標」を公表し、1979年には新版を公開している。これら指標では、健康や教育、雇用、コミュニティなどを対象として扱っている。その後、1986年には国民生活指標、1992年には新国民生活指標（豊かさ指標）として、都道府県ごとの指数が公開されている。しかし、過疎化や財政難による影響を強く受ける都道府県が上位となり、大都市圏の都道府県が下位となったことから、測定される「豊かさ」に対して疑問符がつくと考えられる。

⑵　メディアによる地域づくり指標

　地域づくり指標は、行政によって構築されたものの他、メディアによって構築されたものも存在する。これらは「住みよさ」や「安全」の側面からいくつかの指数を総合化し、評価するものであり、生活の豊かさを図る試みである。

　代表的なものとして、東洋経済新報社による「住みよさランキング」とダイヤモンド社による「安心して住める街」があげられる。

　東洋経済新報社による「住みよさランキング」では、各地域を、安心度、利便度、快適度、富裕度、住居水準充実度の五つの軸から偏差値を算出し、単純平均から評価を実施している。取り上げている指数について、**表13-4**に示す。

　また、ダイヤモンド社による「安心して住める街」は、2007年に公開され、老後と病気、教育、生命・財産、経済力の四つから偏差値を算出し評価している（**表13-5**）。

表13-4　「住みよさランキング」の指数

分類	指数
安心度	病院・一般診療所病床数
	介護老人福祉施設 介護老人保健施設定員数
	出生数
	保健施設定員数−待機児童数
利便度	小売業年間商品販売額
	大型小売店舗面積
快適度	汚水処理人口普及率
	都市公園面積
	転入・転出人口比率
	新設住宅着工戸数
富裕度	財政力指数
	地方税収入額
	課税対象所得額
居住水準充実度	住宅延べ床面積
	持ち家世帯比率

出所：東洋経済新報社（2016）を基に筆者作成。

表 13-5　「安心して住める街」の指数

分類	指数
老後・病気	老人福祉施設入居定員数
	病院・診療所病床数
	病院・診療所数
	訪問介護事業所数
教育	大学等進学数
	塾・進学教室数
	小中学校教員数
生命・財産	犯罪発生率
	建物火災発生率
	交通事故発生率
	警察署・駐在所・交番数
経済力	経常収支比率
	法人住民税納付額
	人口増加率
	完全失業率

出所：週刊ダイヤモンド社（2007）を基に筆者作成。

　これらの指標は、住民の意思が反映されていないことなど、項目自体の妥当性において課題が残る。一方で、これらの指標に対する社会的な注目度は高く、地域特性について住民的議論を発生させたことについては高く評価できると考えられる。

(3)　地域づくり指標の分類化

　これまで検討してきた地域づくり指標は「単一的な評価」と「複合的な評価」の二つに分類化することができる。

　「単一的な評価」は、GNP や事業所数などの単一的な数値によって評価を行っている。単一的な数値のみを取り扱うことで、簡易に評価が導出されるため、さまざまな分野で活用されている。しかし、必ずしも単一的な項目が多面的な性格をもつ地域特性と関係するとは言えず、地域を総合的に判断することは困難であると考えられる。

　複合的な評価として「標準化による導出」があげられる。これは、さまざまな指数を用いた指標であり、東洋経済新報社による「住みよさランキング」などがあげられる。メリットとして、評価の対象を多角的に判断することができる点があげられる。一方で、複数の指数を取り扱うことから、その優劣をつけることが難しく、指数間のバランスが取れなくなる傾向がある。また、指数の単位が異なる場合が多く、評価をより困難なものとしていると考えられる。

4. 文化資源を活用した観光まちづくり指標の構築

(1)　要素の選定

　単一的な評価は簡易ではあるが地域を総合的に判断することが難しい、複合的な評価は要素ごとのバランスおよび優劣の設定が難しいことを指摘してきた。これらを踏まえ、その中間を目指した指標の構築を行った。

　文化資源を活用した観光まちづくり指標は、**表 13-6** で示す行政財政・地域経済・文化接点の三つの観点から構築した。なお、各要素の基となるデータは政府統計を参照している。

　行政財政を示すものとして、一般会計の主要経費別決算額や目的別歳出決算額などがあげられるが、これらは大都市に数値が偏るものであると考えられ、また、法人税の指数においては、大企業の本社が多数存在する東京都や大阪府などが高い数値となることが想定され、望ましくないと考えられる。加えて、行政投資の指数などは年度や国家の政策に大きな影響を受けることから除外した。これらを踏まれ、本指標では行政財政を示すものとして、歳入決算総額（人口あたり）と民生費（歳入決算総額あたり）を採用した。歳入決済総額（人口あたり）は、地域の財政収入の現状を示すものであり、年度による大きな変動がないものである。また、民生費（歳入決算総額あたり）は、地域の福祉に対する寄与を示すものであり、都市の規模や企業数による影響が少ない指数であると考えられる。

　次に、地域経済を示すものとして、まず、農業や林業など一次産業に関するものである経営耕地規模別農家数や地域別林業従事者数、農業生産額などがあ

げられる。しかし、これらでは都市部の地域経済を測ることができない。また、交通に関する指数として、自動車保有数や鉄道旅客輸送数などがあげられる。しかし、都道府県の面積が広く公共交通機関が存在せず自動車が必要不可欠な地域や、鉄道が移動の中心となる地域など地域別の影響を強く受けるものである。そのため、本指標における地域経済を示すものとして、第3次産業事業所数（人口あたり）と民営事業所数（人口あたり）を採用することとした。文化資源を活用した観光まちづくりを支えるステイクホルダーとして第3次産業は特に重要であると考えられる。また、民営事業所数（人口あたり）は、地域経済を直接的に示すと考えられる。

　また、文化接点を示すものとして、国宝・重要文化財数や寺院数などがあげられるが、これらは歴史的に古い地域である京都府や奈良県に大幅な偏りがある。また、美術館数は、公設の場合、図書館などと違い、設置していない自治体が多く存在する状況にあり、都道府県の指標としての活用が難しいと考える。また、映画館数は、土地が広く人口が少ない都道府県では、経営上成り立たないものが多く、除外することとした。そのため、文化接点に関する分類として、図書館数（人口あたり）と博物館数（人口あたり）を採用した。図書館は地域の文化拠点であり、近年では住民間のコミュニケーションの場としても活用が見られる。博物館は、文化資源をまさに表出している場であると考えられる。また、これらは多くの自治体が設置をしており、地域による大きな偏りは少ない。図書館および博物館のいずれも住民による文化資源へのアクセスを支える場であり、文化に対する接点として重要な役割を担っていると考えられる。

表 13-6　文化資源を活用した観光まちづくりの指数

分類	指数	出所
行政財政	歳入決算総額（人口あたり）	社会・人口統計体系
	民生費（歳入決済総額あたり）	地方財政状況調査
地域経済	民営事業所数（人口あたり）	社会・人口統計体系
	第3次産業事業所数（人口あたり）	社会・人口統計体系
文化接点	図書館数（人口あたり）	社会教育調査
	博物館数（人口あたり）	社会教育調査

出所：筆者作成。

　本指標では、これら三つを用い複合的な評価を行う。本指標の特徴は、限られた指数を比較の対象とすることで、「単一的な評価」と「複合的な評価」の中間とも言えるものであり、指数を最低限とすることで、指標における恣意性を抑えている。

(2)　指標の構築

　本指標では、行政財政・地域経済・文化接点からなる要素をそれぞれについて平均値を50とする偏差値を算出し、積み上げることで総合評価とする方法を採用した。さらに、文化資源を活用した観光まちづくり指標の有効性を担保するために、公民館数とスポーツ関連施設数との相関を明らかにした。

　公民館は、住民のコミュニケーションが特に実施される場であり、文化資源の一つの効用であるコミュニケーションの活発化に影響を与えていると考えられる。スポーツ関連施設数は、住民の健康的な営みを支えるものであると考えられ、文化資源を活用した観光まちづくりが求める「豊かさ」に関係すると考えられる。

　本指標のそれぞれの要素と公民館数の相関は、行政財政が0.582、地域経済が0.7802、文化接点は0.533であり、一定の相関が見られた。さらにスポーツ関連施設数との相関は、行政財政が0.655、地域経済が0.603、文化接点は0.637であり、一定の相関が見られた。

表13-7　指標における都道府県の順位

順位	都道府県
1	山梨県
2	島根県
3	福井県
4	富山県
5	岩手県
6	長野県
7	石川県
8	高知県
9	徳島県
10	秋田県

出所：筆者作成。

(3)　指標の都道府県への適用

　本指標の都道府県への適用を試み、その結果を検討する。本指標における上位15位を**表13-7**に示した。この結果、1位が山梨県、2位が島根県、3位が福井県、4位が富山県、5位が岩手県となり、地方県が上位を占める結果となった。また、本指標を都道府県に適用させた際のそれぞれの要素の強度を**図13-1**に示す。

　山梨県では、行政財政が3位、地域経済が4位、

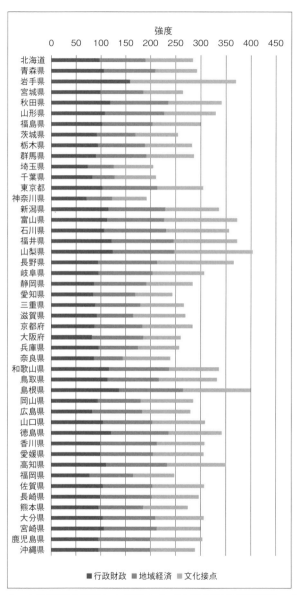

図 13-1　文化資源を活用した観光まちづくり指標の都道府県への適用
出所：筆者作成。

文化接点が1位となっており、全体的に高い順位で合計1位という結果になっている。また、公民館数は1位、スポーツ関連施設数は6位という状況にあり、地域において良好なコミュニケーションが図られており、かつ健康という側面からも豊かな状況にあると考えられる。一方で、13位であった鳥取県は、地域経済が23位であり、平均的な値となっているが、行政財政が6位、文化接点が8位と高い値になっている。すなわち、行政財政や文化接点が企業活動よりも活発な状況にあり、文化資源を活用した観光まちづくりを支える地域環境の形成につながっていると考えられ、今後の文化資源を活用した観光まちづくりが強く期待できると考えられる。

5. 考察

　文化資源を活用した観光まちづくりは、創造性によるダイナミズムによって高い経済波及効果やコミュニティの活性化が期待でき、地域の再生において今後重要なキーワードになると考えられる。

　日本における地域づくり指標に関する先行研究の検討では、分析手法を「単一的な評価」と「複合的な評価」に類型化することが可能であることを示し、双方に課題があることを指摘した。地域は、広範な要素を内包しており単一的な評価によって総合的に判断することはできないと考えられる。また、複合的な評価では、要素同士の優先順位を設定することに課題が残る状況にあった。多様なアクターによる観光まちづくりが推進されているとは言え、現状として文化資源を活用した観光まちづくりは未だ行政により展開されることが多いと考えられ、複合的な評価では指標の複雑さから将来的な改良において課題があると考えられる。

　本章では、文化資源を活用した観光まちづくり指標の構築を「行政財政」「地域経済」「文化接点」の観点から行った。その結果、文化資源を活用した観光まちづくりにおける地域間比較が可能となった。また、東京都によって「東京都社会指標」が公開されるなど、各自治体による指標の開発も進められており、今後、地域独自の指標開発がより求められると考えられる。さらに本指標は比較的単純な指標であることから、地域ごとに改良し、各地域に適合した指標を

作成することが可能である。一方で、本指標には課題も存在する。今後、地域
ごとの指標を確立するにあたって、住民意識をどのように考慮するかが特に重
要になると考えられる。住民意識の評価として、複数の要素における評価基準
の重要度を示すことが必要となる。

【参考文献】

Florida, R. (2002) *The Rise of the Creative Class: And How It's Transforming Work, Leisure, Community and Everyday Life*, New York: Perseus Book Group.

Pekkanen, R. (2006) *Japan's Dual Civil Society: Members without Advocates*, Stanford University Press.

北原啓司 (1999)「まちづくりを評価する『POE』」、佐藤滋編著『まちづくりの科学』、鹿島出版会、225-230 頁。

佐々木雅幸 (2007)「創造都市論の系譜と日本における展開：文化と産業の『創造の場』に溢れた都市へ」、佐々木雅幸・総合研究開発機構編『創造都市への展望：都市の文化政策とまちづくり』、30-56 頁、学芸出版社。

週刊ダイヤモンド社 (2007)「安心して住める街：全国 805 都市ランキング」、『週刊ダイヤモンド 2007 年 8 月 11、18 日合併号』、30-72 頁、週刊ダイヤモンド社。

世古一穂 (2001)『協働のデザイン：パートナーシップを拓く仕組みづくり、人づくり』、学芸出版社。

寺崎竜雄・五木田玲子・門脇茉海 (2017)「持続可能性指標を活用した観光地管理に関する実践的研究：奥日光をケースとして」、『ランドスケープ研究』、第 10 巻、155-161 頁。

東洋経済新報社 (2016)「第 23 回全都市「住みよさランキング」(2016 年) の結果」http://corp.toyokeizai.net/news/wp-content/uploads/sites/5/2016/06/409a297cbea1c02741c1b177dd1305f6.pdf (最終確認：2018 年 7 月 17 日)

外村剛久 (2013)「持続可能性指標による観光地の持続可能性評価とまちづくり施策における観光資源の活用・保全に関する研究」、『法政大学大学院デザイン工学研究科紀要』、第 2 号。

平田徳恵 (2017)「先進観光地における評価指標の設定についての分析：地域ブランディングの視点から交流という地域資源に着目して」、『観光科学研究』、第 10 号、49-56 頁。

北海道未来総合研究所 (2007)『地域の「創造力」向上を目指した再生のあり方』、NIRA 助成研究報告書 751、総合研究開発機構。

本章は、公益財団法人 江頭ホスピタリティ事業振興財団 平成 28 年度研究開発助成事業（地域固有文化を活用した観光まちづくりに関する研究）により作成した以下の論文をもとに加筆・修正したものである。

井上和久 (2018)「文化資源を活用した観光まちづくり指標の構築に向けた一考察」,『日本国際観光学会自由論集』, 第2号, 20-24頁。

おわりに

　本書は今後の地域経営における流通やマーケティングの在り方を示したものである。近年の地域を取り巻く環境は少子化、人口減少、空き店舗問題、後継者不足による廃業、グローバルとローカルの造語からなるグローカルの進展、市場の成熟化等、さまざまな視点から議論が展開されている。地域を活性化させる、地域に活力を注入するといった意味でも、2014年に「まち・ひと・しごと創生法案」および「地域再生法の一部を改正する法律案」のいわゆる地方創生関連2法案が可決され、国をあげて地方のてこ入れに注力している。「まち・ひと・しごと」を再生し地域を活性化する必要性は全国的に求められている事案であるが、今に始まった問題ではない。

　まちづくりという言葉やその実践は50年以上前に遡り、1962年に取り組まれた名古屋市の「栄東地区都市再開発運動」において「街づくり」という言葉が使われたという記録も残されている。このように何十年も前から問題視され、国、地方自治体、事業者などの多くの主体が取り組んできた事案であるにもかかわらず未だ解決策は見出されていない。また、地域を活性化させるための国の政策にも変化がみられるようになっている。従来は地域の商業を活性化させるべく政策が立案されてきたが、近年では中心市街地活性化法に代表されるように、活性化の方法が商業だけに求められなくなってきている。

　地域を取り巻く環境は厳しさを増し、限定的という見方もあるが日本においては少子化の傾向はとどまることを知らず、2021年度の出生数は81万人になるとも推計されている。業績の悪化、出生数の減少は市場の縮小を意味し、2030年には北海道1個分、2040年には大阪府1個分のGDPが減少すると予測されている。

　このような状況の中で、地域経営に目を向け地域を活性化させていくための知識を流通、マーケティング、イノベーションに求め、企業活動と関連性の深い専門書を企画しようと考えた。特に近年のマーケティング活動はCSRというマイナスをゼロに持っていく社会的責任を果たす役割、ESG、メセナのようにプラス部分を増やそうとする社会貢献を果たす役割、加えてCSVとして企

業の価値を顧客に伝達するだけでなく顧客と価値を「共創」していくことも求められるようになり、対象が拡張している。

　他方でこれらの問題点に対して具体的視点や具体的事例に着目した研究は少なく、本研究では地域における企業活動の事例、これらに基づく流通論、マーケティング論の理論を提示することを目的としている。この1冊で壮大な地域経営、流通、マーケティングのすべてが網羅されているわけではないが、執筆者一同がこれを出発の書として今後もそれぞれの研究テーマに向かって邁進する所存である。

　本書は第1部の理論編、第2部の実践編から構成されている。第1部の理論編では各学問領域の歴史性に重きを置いて展開している。第1章「流通の発生と流通論の誕生」では流通の概念を明らかにするために、「流通」という現象形態の発生とその要因、さらには流通が発生してからかなりの時間が経過した後に「流通論」という理論的側面からの研究が誕生した経緯をまとめてある。第2章「小売業の役割と現状」では商業者の中でも小売業に視点を置き、流通過程の中で小売業が果たす役割とは何か、日本の小売業の構造変化をまとめ中小小売商業が減少している状況を明らかにしている。第3章「卸売業の役割と現状」では卸売業の意義を確認し、流通過程における卸売業の役割ならびに、諸外国から批判された日本の流通構造について明らかにしている。第4章「流通とマーケティングの関係」では、理論と実践面から成り立つ学問分野において、対象を明確にする重要性を説き、流通論、マーケティング論それぞれの学問領域と対象を明らかにしている。第5章「マーケティングの誕生とマーケティング論の成立」では十人十色とも言われるマーケティング論であるが、初期の研究者を中心としてマーケティング論が成立した経緯について概説し、AMAのマーケティング定義の変遷を追うことで拡張するマーケティングについて考察を加えている。第6章「マーケティング・コンセプトの変遷」では、マーケティングが誕生してから現代に至るまでのコンセプトの変遷をアメリカのマーケティング研究を基にして生産と消費の関係、社会との関わりの中から概説している。第7章「マーケティングと環境問題・社会との関わり」では近年の世界的な問題となっている環境問題に対してマーケティングのあるべき姿は何かという観点から論理を展開している。第2部の実践編として、第8章「地場産

業の振興における政策形成」では、地場産業の振興について、富山市における
ガラス振興と政策形成を取り上げ、考察を行っている。地域社会において経済
規模の縮小や、行財政の悪化等、深刻な影響が懸念されるなか、地場産業は、
地域経済の要として、改めて重要視されている。こうしたなかで、富山市では、
1985 年に富山市民大学ガラス工芸コースを開講するなど、多様な取り組みが
行われており、人材育成と施設整備により、地域の住民と文化を結びつけてい
た。第 9 章「産業遺産の観光資源化に関する展開」では産業遺産の観光資源化
に着目し、特産品や、新たな観光資源の創造などに向けた連携と展開について
検討を行った。今日において国の施策としても日本遺産や近代化産業遺産など
は管理・保全のみならず、観光と結びつけた展開が見られる状況にある。第
10 章「地域社会における企業の社会的責任に関する展開」では、CSR の変遷
について歴史的成り立ちや法整備の状況から整理したうえで、トヨタ自動車株
式会社における取り組みを事例に、地域経営に関連する CSR 活動のあり方に
ついて検討を行っている。第 11 章「乾杯条例と地域づくり」では日本酒の普
及を推進し、地域づくりに活用する試みが全国各地で見られることから、地域
資源の利活用について検討を行っている。第 12 章「地域資源と地域コミュニ
ティの活性化」では日本酒文化に着目し、地域資源の活用における地域コミュ
ニティに対する影響について分析している。第 13 章「文化資源を活用した観
光まちづくり指標の検討」では試論として文化資源を活用した観光まちづくり
の指標の構築を行っている。文化資源は文化や伝統などの住民の意識から組成
されており、コミュニティの活発化に向けた効果をもつと期待される。

　執筆にあたり各自の視点を大事にした結果、自由に見解を展開しており、編
集にあたって何度かの打ち合わせを加えたが内容や趣旨に修正を加えることな
く 1 冊をまとめている。従って用語の不統一性や、ニュアンスの相違、研究視
覚の異なり、理論の抽象度合いや具体性の差異等の課題が残されている。さら
に取り上げるべき事象や記述したい論点も多々残っている。これらの課題に関
してはご寛容いただき、今後機会があればさらに研鑽、推敲を重ね、より充実
したものにしていきたいと考えている。

　本書を手に取った地域経営、流通、マーケティングに携わっている方々、こ
れらの分野に対する学びをこれから深めたい学生の皆様にとって少しでも参考

になれば幸甚に思う。

　本書の発刊にあたり東海学園大学の古賀智敏元副学長には温かく、厳しい激励の言葉を頂き、その言葉の重みのおかげで原稿を書き上げることができましたこと御礼申し上げます。なお、本書の発刊にあたっては東海学園大学より出版助成の給付を受けている。末筆ながらまた、東海学園大学遠藤秀紀副学長、伊藤久司経営学部長はじめ、東海学園大学の関係者の方々に、心から御礼申し上げます。

　最後に本書の出版にあたり、何かとご配慮いただいた千倉書房の川口理恵様に心から御礼を申し上げます。

2022 年 8 月

編著者

岡田　一範

井上　和久

主要索引

178

180

■執筆者紹介

岡田　一範（おかだ　かずのり）
　執筆担当／第1章、第2章、第3章、第4章、第5章、第6章、第7章
　（編著者紹介参照）

井上　和久（いのうえ　かずひさ）
　執筆担当／第8章、第9章、第10章、第11章、第12章、第13章
　（編著者紹介参照）

堀　　彰穂（ほり　あきほ）
　執筆担当／第8章、第9章、第10章、第11章
　名古屋大学大学院農学生命研究科
　専門：環境政策学、環境計画論、自然共生システム論
　愛知県生まれ。京都府立大学大学院公共政策学研究科修士課程修了。愛知県庁
入庁後、行政職として教育委員会や公園緑地課等を経験。国立公園の研究を行う。

友成　真一（ともなり　しんいち）
　執筆担当／第11章、第12章
　早稲田大学理工学術院　教授
　専門：地域経営、行政経営、環境経営
　大分県生まれ。京都大学大学院工学研究科修了。通商産業省（現・経済産業省）
入省。在イラク日本大使館商務官、ロシア東欧室長、中国通産局公益事業部長
などを経て、現職。

■編著者紹介

岡田　一範（おかだ　かずのり）

東海学園大学経営学部講師

専門：流通論、マーケティング論、商業学

岐阜県生まれ。愛知学院大学大学院商学研究科博士後期課程満期退学。修士（商学）。高田短期大学キャリア育成学科講師を経て、現職。

井上　和久（いのうえ　かずひさ）

東海学園大学経営学部　准教授

専門：公共経営論、地方自治論、ソーシャル・イノベーション論

北海道生まれ。早稲田大学大学院環境・エネルギー研究科博士後期課程修了。博士（学術）。早稲田大学理工学術院助教、早稲田大学総合研究機構客員次席研究員等を経て、現職。

地域経営のための新しい流通・マーケティング

2022 年 8 月 22 日　初版第 1 刷

編　著　　岡田一範／井上和久
発行者　　千倉成示
発行所　　株式会社 千倉書房

〒 104-0031　東京都中央区京橋 3-7-1
TEL 03-3528-6901 ／ FAX 03-3528-6905
https://www.chikura.co.jp/

印刷・製本　　藤原印刷株式会社
装丁デザイン　　冨澤　崇

© Kazunori Okada, Kazuhisa Inoue, 2022
Printed in Japan
ISBN 978-4-8051-1259-5　C3034